„Baden ist Burgunderland geworden". So steht es geschrieben in unserem Weinbuch „Die Badische Revolution" über die Entwicklungen im Weinland Baden.

Mit einigem Stolz präsentieren wir Ihnen Band 1 unserer neuen Reihe „Badische Winzer", die sich mit badischen Winzerinnen und Winzern, mit besonderen Privatweingütern und ausgesuchten Genossenschaften beschäftigt. Wir stellen Ihnen die Macher der noch jungen „Badischen Revolution" vor, die wir alle persönlich kennen und von deren Produkten und Arbeitsweisen wir begeistert sind. Wir heben die Unterschiede und Gemeinsamkeiten hervor und zeigen damit die eindrucksvolle Entwicklung des badischen Weins auf.

Auch lassen wir die Winzerinnen und Winzer selbst zu Wort kommen: Sie verraten ihre Restaurant- und Hotel-Tipps, empfehlen uns ihre aktuellen Lieblingsweine und bringen uns Ihre Philosophie nahe.

Nichts ersetzt einen Besuch im Weingut, das persönliche Gespräch mit den Winzerinnen und Winzern, die Weinprobe vor Ort! Nur so lassen sich die vielen Aspekte und, vor allem, die wunderbaren Geschichten rund um den Weingenuss hautnah und ganz persönlich erleben.

Auch wir haben bei unseren Besuchen auf den Weingütern und bei den Genossenschaften vieles gelernt und erfahren, gute Weine verkostet, neue Lieblinge entdeckt und möchten auch Sie nun mit unserem Magazin „Badische Winzer" dazu einladen, sich auf eine Entdeckungs- und Genusstour zu begeben. Viel Spaß!

Winden im Oktober 2016
Christian Hodeige und Michael Wissing

Die badischen Weine haben im vergangenen Jahrzehnt eine in vielerlei Hinsicht bemerkenswerte Entwicklung durchgemacht. Baden ist Burgunderland geworden. Der badische Spätburgunder von meist kleinen privaten Weingütern ist dabei, einen Siegeszug um die Welt anzutreten. Das ist das Ergebnis harter Arbeit, enormer Erfahrung und großen Muts. Dennoch stellt sich die Frage: Wer hat es bemerkt?

Während in den Vereinigten Staaten bereits von der „Red Wine Revolution“ im Süden Deutschlands gesprochen und Baden als „Deutschlands Antwort auf Burgund“ vorgestellt wird, fehlt merkwürdigerweise vor Ort die gebührende Aufmerksamkeit. Offenbar verhält es sich beim Wein nicht anders als beim Propheten: Im eigenen Land ist er nichts wert.

Dabei ist der Kaiserstuhl auf gutem Weg, die Heimat der besten Grauburgunder Deutschlands zu werden, gefolgt von Weißburgundern, die längst eine eigene Fangemeinde haben. Im Markgräflerland gibt es heute – wie noch nie – eine Bandbreite an Gutedelweinen, bis hinauf zu lagerfähigen Qualitätsstufen. Rieslinge aus der Ortenau können mit ihren Brüdern und Schwestern aus der Mosel, Rheinhessen, Nahe oder dem Rheingau konkurrieren. Chardonnay, Sauvignon Blanc, Muskateller und endlich auch wieder Silvaner fangen an, ganz eigene Rollen zu spielen und müssen sich in den höheren Qualitätsstufen vor keinem nationalen wie internationalen Vergleich scheuen. Kein Anbaugebiet in Deutschland ist so vielfältig, keines kann mit so unterschiedlichen Bodenverhältnissen und Unterregionen punkten. In dieser Vielfalt liegt eine große Chance.

Doch immer fehlt der überzeugende gemeinsame Auftritt der badischen Winzer, ob sie nun Genossen sind oder sich privat selbst vermarkten. Das mag auch an den großen Qualitätsunterschieden im Basisbereich liegen. An diesem Punkt ist noch viel zu tun. Andere europäische Regionen – wie beispielsweise Südtirol – zeigen, wie zeitgemäß, ohne Zeitgeistigem nachzulaufen, heute Gemeinschaftswerbung aussehen kann.

Winzer sind abhängig von der Natur, vom Boden, vom Klima, vom Wetter. Die Ausrichtung zur Sonne, die natürliche Durchlüftung, die Drainage des Regenwassers, die Bodenbeschaffenheit, die Hanglagen, die Flora und Fauna, das alles sind Faktoren, die eine gute Lage ausmachen. Wein ist seit Jahrtausenden ein Kulturgut. Der Winzer als Kulturbeauftragter einer Region, als Landschaftsschützer und Bewahrer einer Erzeugerlandschaft mit seinen Familienbetrieben muss sich besser positionieren und sollte, wie alle Handwerker, in unserer Gesellschaft viel mehr geschätzt werden. Deshalb kann die Geiz-ist-geil-Mentalität auch beim Wein nur in die Sackgasse führen. Den Verbraucher zum Genießer machen, der das Produkt und seine Entstehung würdigt und Freude beim Verzehr verspürt, darum muss es gehen – bei allen Nahrungsmitteln und auch beim Wein.

Es bewegt sich was in Baden! Eine neue Generation von selbstbewussten Winzern, für die, bei aller Konkurrenz, der Austausch wichtiger ist als Missgunst, trifft auf eine junge Generation von Weininteressierten. Sie interessieren sich dafür, woher das Produkt kommt, wie es angebaut, ausgebaut und verkostet wird. Nach den (Fernseh-)Köchen erlangen nun auch Winzer Kultstatus. Gekauft wird nicht nur wunderbar vergorener Traubensaft, sondern ein Stück so modernes wie nachhaltiges Lebensgefühl.

Winden, November 2014
Von Christian Hodeige und Petra Kistler

DIE BADISCHE REVOLUTION
Edition Rombach
ISBN 987-3-9815555-4-7

Die mineralischen Böden des Kaiserstuhls haben viel gemeinsam mit dem Terroir der Burgund.

der Saufer wie ein leeres Faß sich fühlt
der Trinker seines Leibes dürsten stillt
der Zecher trinkt das Herz v. Sorgen rein
dem Weisen ist Gedankenfreund

2007

„Schön, wenn man den Weinen Zeit zum Reifen auf der Flasche gibt, so können sie ihre ganze Vielfalt und ihr Alterungspotenzial zeigen."

„Die intensive Beschäftigung mit der Beschaffenheit von jungen und alten, großen und kleinen Holzfässern über Generationen hinweg ist ein Erfahrungsschatz von besonderer Güte."

AM
S 6.5
AML
AM
S
10 Mai 2013

UNSERE PHILOSOPHIE

Seit mehr als 10 Generationen in Burkheim ansässig, stellen wir in der Kulturlandschaft des Kaiserstuhls individuelle, handwerkliche Weine her. Diese sind geprägt von der Mineralität der vulkanischen Böden und zeigen damit ihre Kaiserstühler Herkunft auf anschauliche Weise.

MARTIN & ARNE BERCHER

Weingut Bercher

„Man muss die Herkunft der Weine immer schmecken können, das ist uns wichtig. Wir wollen keine Kopie der französischen Burgunder, sondern wir bauen klassisch badische Weine aus, mit unserer ganz eigenen Stilistik", erklärt der bestens gelaunte Arne Bercher, der für die Kellerwirtschaft im Familienbetrieb zuständig ist.

„Die Bodentypizität, die lagenspezifische Kleinklimatik, die mineralisch geprägten Vulkanverwitterungsböden des Kaiserstuhl, das alles trägt zum besondern Schmelz und einer gewissen Cremigkeit im Geschmack unserer Weine bei, der an den Zungenrändern einen Hauch von salziger Qualität hinterlässt", ergänzt Cousin Martin Bercher, dem die Pflege der Weinberge obliegt.

1

INHABER
Arne und Martin Bercher

ADRESSE
Mittelstadt 13
79235 Vogtsburg-Burkheim
www.weingutbercher.de

ÖFFNUNGSZEITEN
Montag–Samstag zwischen
9.00–11.30 Uhr und 13.30–17.00 Uhr

Gruppen bis maximal 12 Personen
nur nach vorheriger
Terminvereinbarung

GAULT MILLAU

★★★★★
EICHELMANN

Die Geschmackslinie bei Bercher ist immer von klarer, filigraner Reinheit geprägt, auch bei ihren Paradepferden: den Spätburgundern.

LAGEN
Burkheim:
Feuerberg und Schlossgarten
Jechtingen:
Eichert und Steingrube
Sasbach:
Limburg

REBFLÄCHE
27 Hektar

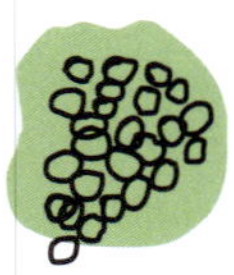

REBSORTEN
Spätburgunder
Grauburgunder
Weißburgunder
Chardonnay
Cabernet Sauvignon
Riesling
Müller-Thurgau
Muskateller
Scheurebe
Chenin Blanc

JAHRESPRODUKTION
250.000 Flaschen

Schnell wird klar, dass hier sich zwei in Geisenheim studierte junge Önologen mit Haut und Haaren und in der 10. Generation dem Weinbau verschrieben haben, wobei die Regionalität und das kompromisslose Streben nach Qualität im Vordergrund stehen.

Die Geschichte der Familie Bercher beginnt 1457 in der Schweiz, 1756 entsteht das bis heute bewohnte und bewirtschafte Gutshaus mitten im Zentrum des malerischen Burkheim. Die Familie blickt mit Freude und großem Selbstbewusstsein auf ihre lange Weinbautradition: „Wir haben das Weingut von unseren Vätern auf höchstem Niveau übernommen, versuchen die Qualität zu halten und wollen uns mit ‚Feinschliff' an vielen Details stetig verbessern", erläutert Arne Bercher. Seit 1990 ist man auch stolzes Mitglied im Verband Deutscher Prädikatsweingüter, VDP; hier werden bekanntlich nur die besten Winzer Deutschlands aufgenommen.

IM WEINBERG

Auch bei Bercher gilt: Qualität entsteht im Weinberg. Vulkangestein und mineralstoffreiche, kalkhaltige Lössböden sind die Lagen des Kaiserstuhls. Auf ihren Hauptlagen Burkheimer Feuerberg, Burkheimer Schlossgarten, Jechtinger Eichert und Sasbacher Limburg arbeitet das Weingut mit viel Handarbeit und Liebe zum Detail. Auf mineralische Dünger wird zugunsten von Humus aus Grünschnitt sowie Pferdemist verzichtet.

WEINSORTIMENT

Natürlich stehen die Burgundersorten, Grau-, Weiß- und Spätburgunder, im Zentrum des Sortiments.

Badischer Riesling hat es immer schwer gegenüber den Geschwistern des Rheingau, der Mosel oder der Saar. Berchers Riesling ist mit seiner filigranen Säure und frischen Fruchtigkeit ein gelungenes badisches Beispiel, auch hier kann ein herrlicher Riesling gelingen.

Hervorzuheben ist auch der vollmundige Chardonnay SE, trocken, und der spritzig trockene Burkheimer Spätburgunder Rosé, ein Sommerwein der Extraklasse. „Weine müssen Spaß machen, müssen immer eine gewisse Reife ausweisen und dürfen sich nicht über den Alkoholgrad definieren, große Weine brauchen auch keinen Restzucker!", erzählt Arne Bercher, der auch ein Freund sehr eigenwilliger Weine ist. „Die polarisieren dann schon einmal!"

- Der mineralisch frische *2014 Burkheimer Weißburgunder trocken VDP.ORTSWEIN* mit seinen Grüner Apfel- und Minzenoten, ist ein Renner des Hauses.
- Auch die Grauburgunder, wie der *2014 Burkheimer Feuerberg Grauburgunder trocken VDP.ERSTE LAGE* ist ein hocheleganter, sehr strukturierter Vertreter der Paradesorte des Kaiserstuhls mit Grapefruit- und Lagerapfelaromen. Oder der *2014 Burkheimer Feuerberg Haslen Grauburgunder trocken GG VDP.GROSSE LAGE* mit wunderbar mineralischer Struktur, angenehmer Säure und Melone, Ingwer- und Apfelaromen.

5

BERCHER
BURKHEIM
D-79235 Burkheim

Bercher

„Wir wollen keine Kopie der französischen Burgunder, sondern wir bauen klassisch badische Weine aus, mit unserer ganz eigenen Stilistik“

Die Geschmackslinie bei Bercher ist immer von klarer, filigraner Reinheit geprägt, auch bei ihren Paradepferden: den Spätburgundern.

• Mit dem *2013 Jechtinger Spätburgunder trocken* VDP.*ORTSWEIN* setzt man Zeichen. Ein sortenreiner, lagenreiner, geschmacklich überzeugender Einstiegswein aus dem großen Holzfass, sozusagen die Visitenkarte des Hauses.

„Wer sich bei den einfachen Weinen keine Mühe gibt, was soll man da von den besseren Lagen erwarten!“, schmunzelt Martin Bercher. Die intensive Beschäftigung mit der Beschaffenheit von jungen und alten, großen und kleinen Holzfässern über Generationen ist ein Erfahrungsschatz des Weingutes von besonderer Güte.

• Der *2012 Sasbacher Limburg Spätburgunder trocken* VDP.ERSTE LAGE ein samtiger, wunderbar ausbalancierter Pinot, mit Kirsch- und Bitterschokoladenoten, für 18 Monate im Barrique gelagert, steht für das großartige „Mittelfeld“ bei Berchers.

• Früher war es die Auslese, jetzt nennt der VDP seine größten Weine „Großes Gewächs“, und das ist der ungekrönte Star im Sortiment von Bercher: der *2013 Burkheimer Feuerberg Kesselberg Spätburgunder* GG VDP.GROSSE LAGE. Nur ausgesuchte Flächen, nur dunkler Vulkanverwitterungsboden, nur bestimmte Klone, 100% Handarbeit im Rebstock und extreme Ertragsreduzierung auf unter 30 Hektoliter pro Hektar kommen für das Große Gewächs in Frage.

Und so präsentiert sich der Feuerberg als intensiv rubinroter Wein im Glas, mit Noten nach Sauerkirsche und Hagebutte, wobei die filigran elegante Fruchtigkeit auch nicht von den leichten Holztönen überfrachtet wird.

SONST NOCH

Die Familie freut sich, ihre Gäste im historischen Stammhaus mitten in Burkheim zur Weinprobe zu empfangen. Und so sind es die deutschen und internationalen Privatkunden, die, neben der Gastronomie und dem Fachhandel, auf das kleine Weingut in Burkheim schwören.

GUTES ESSEN

POSTHOTEL KREUZ-POST
Landstr. 1
79235 Vogtsburg-Burkheim

GASTHAUS ZUM KAISERSTUHL
Niederrotweil 4
79235 Vogtsburg-Niederrotweil

KÖPFERS STEINBUCK
Steinbuckstraße 20
79235 Vogtsburg-Bischoffingen

ÜBERNACHTEN

POSTHOTEL KREUZ-POST
Landstr. 1
79235 Vogtsburg-Burkheim

2014
BURKHEIMER FEUERBERG
GRAUBURGUNDER
TROCKEN
VDP.ERSTE LAGE

ALKOHOL 13% vol.
SÄURE 6,5 g/l
RESTZUCKER 1,9 g/l

Eleganz und strukturierte, mineralische Länge. Aromen von Grapefruit und reifem Lagerapfel.

2014
BURKHEIMER FEUERBERG HASLEN
WEISSBURGUNDER GG
TROCKEN
VDP.GROSSE LAGE

ALKOHOL 13,5% vol.
SÄURE 6,3 g/l
RESTZUCKER 3,8 g/l

Geprägt vom vulkanischen Boden des Kaiserstuhls, saftig mit langem Abgang. Aromen von Kräutern und Birne.

2014
BURKHEIMER FEUERBERG HASLEN
GRAUBURGUNDER GG
TROCKEN
VDP.GROSSE LAGE

ALKOHOL 13,5% vol.
SÄURE 6,2 g/l
RESTZUCKER 3,9 g/l

Fest gewirkt mit herrlicher, mineralischer Struktur und viel Grip. Aromen von Melone, Ingwer und Apfel.

2012
SASBACHER LIMBURG
SPÄTBURGUNDER
TROCKEN
VDP.ERSTE LAGE

ALKOHOL 14% vol.
SÄURE 5,2 g/l
RESTZUCKER 2,8 g/l

Samtig mit gut balancierter, saftiger Tanninstruktur. Aromen von Kirsche und Bitterschokolade.

2013
BURKHEIMER FEUERBERG
KESSELBERG
SPÄTBURGUNDER GG
TROCKEN
VDP.GROSSE LAGE

ALKOHOL 13,5% vol.
SÄURE 5,5 g/l
RESTZUCKER 2,7 g/l

Feinfruchtig und mineralisch lang am Gaumen mit strukturiertem, weichem Tannin. Aromen von Sauerkirsche und Hagebutte.

UNSERE PHILOSOPHIE

Wir legen sehr viel Wert auf möglichst authentische und ursprüngliche Weine, die im besten Fall einen direkten Ausdruck der jeweiligen Beschaffenheiten (Boden, Klima, Alter der Reben etc.) vor Ort darstellen.

SVEN ENDERLE UND FLORIAN MOLL

Weingut Enderle & Moll

Die einen belächeln sie ob ihrer sehr unkonventionellen Arbeitsweise, für andere sind sie schlicht Anarchisten, weil sie sich so gar nicht an Regeln und Konventionen halten wollen. Vor allem können die beiden Charakterköpfe Sven Enderle, mit langem Spitzbart, und Florian Moll eines: großartigen Wein produzieren, wobei sie „produzieren“ als „Begleitung bei der Weinwerdung“ beschreiben würden.

Während Enderle bei Bercher-Schmidt in Oberbergen die Lehre ging, zog es Moll ins Weingut Höfflin nach Bötzingen zur Ausbildung. Beide machten danach erste Erfahrungen im angewandten bio-dynamischen Weinbau und waren gleichermaßen fasziniert.

2

INHABER
Sven Enderle und Florian Moll

ADRESSE
Hinterhöfen 4
77955 Münchweier
(nur Rechnungsadresse)
info@enderle-moll.de
www.enderle-moll.de

Gerne bieten wir Besuche und Verkostungen nach Absprache an. Bitte nehmen Sie per E-Mail Kontakt mit uns auf.

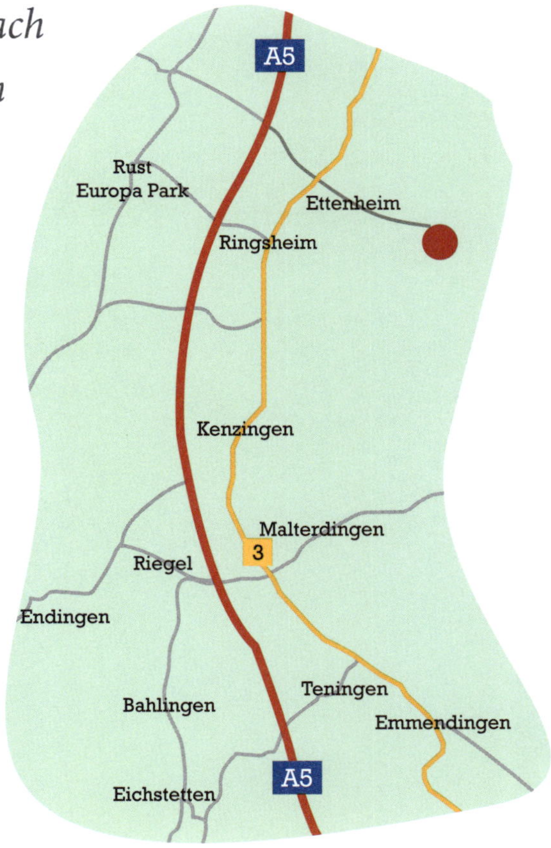

Sie arbeiten ohne Maschinen, lassen die Böden möglichst ohne zu viele Eingriffe gedeihen.

LAGEN
Münchweier Kirchhalden
Münchweier Hörd
Münchweier Frostberg

REBFLÄCHE
2 Hektar

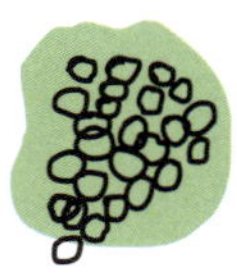

REBSORTEN
Spätburgunder
Grauburgunder
Müller-Thurgau

JAHRESPRODUKTION
12.000 Flaschen

Im Jahr 2006 pachteten sie ihr erstes Rebstück oberhalb von Münchweier, 2007 wurde das kleine Weingut Enderle & Moll gegründet. Heute haben sie etwas mehr als 2 Hektar Rebfläche, mit vielen sehr alten Rebstöcken, die sie aufwendig ausschließlich von Hand nach ökologischen – meist Demeter – Vorgaben bearbeiten, ohne zertifiziert zu sein. „Im Keller wollen wir so wenig Hand anlegen wie möglich, die Trauben werden von Hand in der Holzpresse gepresst und kommen nach der Spontanvergärung direkt ins Fass.
Das ist der direkteste Ausdruck des Rebstocks, des Terroirs, das macht den Charakter unserer ausdruckstarken Weine aus!", erklärt Enderle.

Die beiden setzen für ihre Spätburgunder auch keine kleinen Barrique-Fässer ein, sie sind zu intensiv für ihre vielschichtige, filigrane Stilistik. „Wir kaufen große gebrauchte Fässer bei Dujac im Burgund, auch hier setzen wir auf Spontanvergärung und lassen die Weine im Fass, bis sie auf die Flasche kommen. Wir rühren nicht, wir schütteln nicht, wir pumpen nichts um – das ist das kontrollierte Nichtstun im Weinkeller", schmunzelt Moll.

Beide lieben säurebetonte, mineralische Weine, die „Würze und Kante" haben und lassen ihren Weinen ganz unterschiedlich Zeit, sich zu entwickeln.

IM WEINBERG

Enderle und Moll sind überzeugt, dass die Basis aller Weinkunst im Weinberg gelegt wird. Sie arbeiten ohne Maschinen, lassen die Böden möglichst ohne zu viele Eingriffe gedeihen. „Winzer sind doch keine Traktorfahrer", schmunzelt Enderle. „Bei uns herrscht das pralle Leben auf dem Boden!" Alle zwei Jahre wird biologisch mit Pferdemist gedüngt, gemäht wird mit der Sense, und der Rebschnitt wird je nach Bedarf, Bodenbeschaffenheit und klimatischen Bedingungen angesetzt.

ST. PAULI

Müller.

Freestyle
Udo

„Wir rühren nicht, wir schütteln nicht, wir pumpen nichts um – das ist das kontrollierte Nichtstun im Weinkeller."

WEINSORTIMENT

Neben den Spätburgundern sind es wenige Lagen mit Müller-Thurgau und Grauburgunder.

• Der *2014 Müller-Thurgau „Müller" Münchweier Hörd trocken,* wird sehr leicht (10% Alkohol) und extrem fruchtig ausgebaut, mit leichten Stachelbeer- und Holunderaromen, und ist ein perfekter Sommerwein.

• Der *2014 Grauburgunder Münchweier Frostberg trocken* überrascht mit seiner rötlichen Farbe und seinem ganz eigenen cremigen und mineralischen Charakter. In der Nase herrschen Steinobstaromen vor, im Gaumen dann eher Quitten-, Renekloden- und Nussaromen. Diesen Wein kann man geöffnet gut eine Woche trinken, er ist am 2. und 3. Tag eigentlich am schönsten.

„Wir setzen nicht auf Öchsle, sondern auf Geschmack!", erklärt Enderle die durchweg eher leichten Weine des Guts.

Natürlich sind die Spätburgunder die Aushängeschilder der beiden.

• Der *2013 Pinot Noir „Basis" trocken* stammt von Reben auf Buntsandsteinböden, mit geringer Humus-Auflage. Die im Durchschnitt 25 bis 40 Jahre alten Reben mussten sich einen langen Weg durch den felsigen Boden bahnen, bis sie Grundwasser erreichten. So können sie lange Trockenphasen überstehen und gelangen an die wichtigen Mineralien und Nährstoffe, die diesem Wein eine typische Kräutrigkeit, neben den Erdbeer- und Himbeeraromen, verleihen.

• Die nächste Qualitätsstufe ist dann der *2013 Pinot Noir „Liaison"*, er ist eine Cuvée aus verschiedenen Lagen und Böden und verbindet die Würze und Kraft des Buntsandsteins mit der Eleganz und Mineralität des Muschelkalks, ein weiteres Rebstück mit sehr alten in den 50ern gepflanzten Reben, südlich von Münchweier mit einem Untergrund aus Muschelkalk.

• Und dann kommt eines der Flaggschiffe des Weinguts: der *2013 Pinot Noir „Buntsandstein" Münchweier Kirchhalden* mit seinen Cassis- und Minzaromen, seinen feinen Taninen und einem herrlich zarten Schmelz bei nur 12,5% Alkohol. Ein Spitzenwein unter deutschen Spätburgundern.

SONST NOCH

Einziger Wermutstropfen ist die geringe Menge Wein, die dieses so andere Weingut jedes Jahr verkaufen kann, und so sind sie auch recht schnell ausverkauft.

Deutschland ist Spätburgunderland. Hier kann ein finessenreicher, vielschichtiger, fruchtiger, eleganter und sehr bekömmlicher Spitzenwein ausgebaut werden. Enderle & Moll zeigen, wie dies auch einem Kleinstweingut gelingen kann.

Übrigens verkaufen sie ihre Weine auch in Kanada und den USA. Dort haben sie es immerhin in das „Wall Street Journal" geschafft und ihre Pinots wurden als das „Badische Wunder" bezeichnet.

GUTES ESSEN

HECKENROSE
Bundesstraße 22
77975 Ringsheim

ZUM RABEN
Dorfstraße 8
79289 Horben

WOLFSHÖHLE
Konviktstraße 8
79098 Freiburg

ÜBERNACHTEN

DIE HALDE
Halde 2
79254 Oberried

2014
MÜLLER-THURGAU
„MÜLLER"
TROCKEN

MÜNCHWEIER HÖRD

ALKOHOL 10% vol.
SÄURE 7,2 g/l
RESTZUCKER 1,2 g/l

Leichter, schöner Sommerwein. Schmeckt nach Holunderbeeren, Zitrusfrucht. Frischer Abgang.

2014
BURGUNDER-CUVÉE
„WEISS&GRAU"
TROCKEN

50% WEISS- UND
50% GRAUBURGUNDER,
VERSCHIEDENE LAGEN

ALKOHOL 11,5% vol.
SÄURE 6,9 g/l
RESTZUCKER 1,4 g/l

Frisch, fruchtig, animierend, macht Spaß. Schmeckt nach weißem Pfirsich, Holunderbeere, Renekloden, Zitrusfrucht. Mittellanger Abgang.

2014
GRAUBURGUNDER GG
TROCKEN

MÜNCHWEIER FROSTBERG
VDP.GROSSE LAGE

ALKOHOL 11% vol.
SÄURE 5,3 g/l
RESTZUCKER 0,1 g/l

Gehaltvoll, tief, vielschichtig. Schmeckt nach Steinobst, Quitte, Mandeln. Mittellanger Abgang.

2013
PINOT NOIR „BASIS“
SPÄTBURGUNDER
TROCKEN

VERSCHIEDENE LAGEN
IN MÜNCHWEIER

ALKOHOL 12% vol.
RESTZUCKER 0,4 g/l
SÄURE 5,9 g/l

Frischer Trunk, leicht herbe Noten, fruchtig. Schmeckt nach Himbeere, Erdbeere, etwas Minze. Mittellanger Abgang.

2013
PINOT NOIR „LIAISON“
SPÄTBURGUNDER
TROCKEN

MÜNCHWEIER KIRCHHALDEN UND
FROSTBERG

ALKOHOL 12,5% vol.
SÄURE 5,7 g/l
RESTZUCKER 0,5 g/l

Vielschichtig; kräutrige und würzige Aromen gepaart mit Waldbeere, Schwarzkirsche und Minze. Langer, kräftiger Abgang.

2013
PINOT NOIR
„BUNTSANDSTEIN“
SPÄTBURGUNDER
TROCKEN

MÜNCHWEIER KIRCHHALDEN

ALKOHOL 12,5% vol.
SÄURE 5,7 g/l
RESTZUCKER 0,4 g/l

Geschmack von Waldboden, Eukalyptus, Minze, Tabak, Kaffee, dunkle Schokolade, Kirsche, Waldbeeren. Langer, kräftiger Abgang.

UNSERE PHILOSOPHIE

Unser Ziel ist es, den einzigartigen Charakter unserer Trauben zu erhalten und im Wein zu perfektionieren. Die umweltschonende Bewirtschaftung unserer Reben ist ein wichtiger Faktor unseres qualitätsorientierten Denkens und Handelns. Am Ende des Vegetations- und Reifezyklus' entstehen unverwechselbar feingliedrige, trockene und mineralische Weine.

MARTIN FREY

Weingut
Otto & Martin Frey

Das Denzlinger Weingut hat sich unter der Leitung von Martin Frey kontinuierlich an die Spitze vorgearbeitet.

„Das Jahr 2000 war entscheidend für uns. Hatten wir bisher immer danach gesehen, was andere machen, so wollten wir jetzt nur noch der eigenen Nase folgen. Eine eigene Stilistik entwickeln, die unsere kargen Böden mit ihrem so besonderen Mikroklima widerspiegelt", erzählt der herzhaft engagierte Winzer Martin Frey im Familienweingut Otto & Martin Frey in Denzlingen.

„Es war ein schwerer Weg, damals waren vollkommen durchgegorene Weine bei uns nicht so hip, aber es war natürlich die richtige Entscheidung." Seit 2008 leitet Martin Frey den Betrieb und macht nur noch Weine, die seine eigene Handschrift tragen, wie er betont.

3

INHABER
Martin Frey

ADRESSE
Im Brühl 1
79211 Denzlingen
Telefon 07666 5253
info@frey-weine.de
www.frey-weine.de

ÖFFNUNGSZEITEN
Do/Fr 9–12 und 14–19 Uhr,
Sa 9–16 Uhr
Terminvereinbarungen und Bestellungen gerne auch telefonisch oder per Mail

GAULT MILLAU

★★½

EICHELMANN

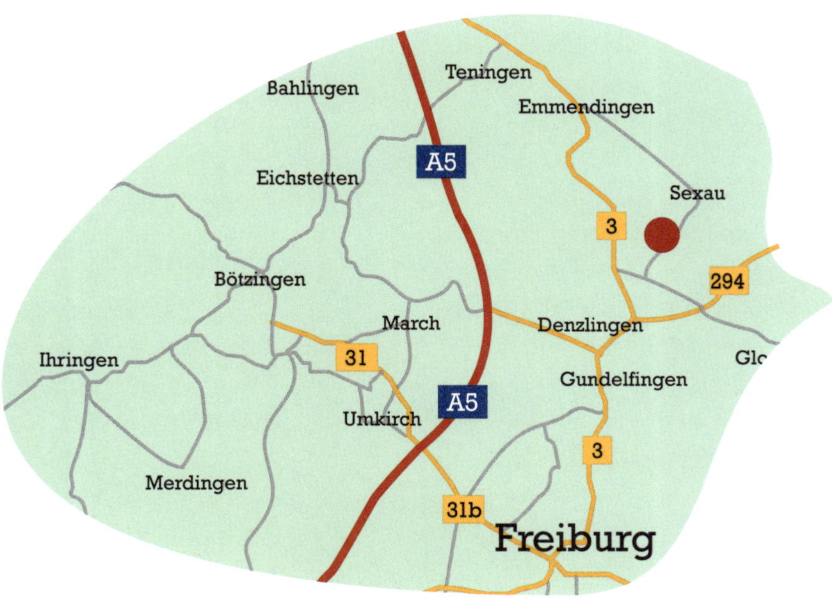

„Wir haben eine eigene Stilistik entwickelt, die unsere kargen Böden mit ihrem so besonderen Mikroklima widerspiegelt."

LAGEN
Glottertäler Eichberg
Sonnhalde Denzlingen
Sonnhalde Sexau
Sonnenberg Gundelfingen

REBFLÄCHE
15 Hektar

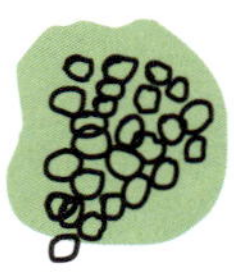

REBSORTEN
Spätburgunder
Grauburgunder
Weißburgunder
Chardonnay
Müller-Thurgau
Auxerrois
Riesling
Gewürztraminer
Merlot
Sauvignon blanc

JAHRESPRODUKTION
90.000 Flaschen

Der an der Fachhochschule Weinsberg ausgebildete Techniker für Weinbau und Önologie hat nicht nur den landwirtschaftlichen Gemischtbetrieb auf den Weinbau konzentriert, sondern sich auch intensiv mit seinem Terroir, den Gneis-Verwitterungsböden im Glottertal und den Buntsandstein- und Muschelkalkböden in Denzlingen beschäftigt. Und so entstehen säurebetonte, filigrane, fruchtige Weine, die bei vergleichsweise geringen Alkoholwerten Eleganz und Kraft zugleich ausweisen.

Das hervorzuhebende (weil sehr günstige) Preisniveau bei hohem Qualitätsanspruch ist eine zusätzliche Besonderheit dieses sympathischen Familienbetriebs.

IM WEINBERG

Frey arbeitet so umweltschonend wie möglich, alles wird in Handarbeit getätigt, auch wegen der 60% Steillagen.

Die wichtigste und größte Lage, der „Glottertäler Eichberg", genießt den Schutz vor den Winden der Rheinebene und profitiert von seinem zentralen Standort im sich erwärmenden Talkessel. Die hohen Niederschlagsmengen und eigene Quellen schützen diese Lage vor zu hoher Trockenheit und erlauben eine üppige Begrünung der Rebhänge.

Die Sonnhalde in Denzlingen, die Sonnhalde in Sexau, der Sonnenberg in Gundelfingen sowie der Wöpplinsberg in Emmendingen sind die weiteren Lagen des Weinguts.

Auf rund 30% aller Rebflächen wird Spätburgunder angebaut, Grau- und Weißburgunder belegen weitere 45%, aber ebenso werden Chardonnay, Riesling, Auxerrois, Müller-Thurgau, Gewürztraminer, Savignon Blanc und Merlot ausgebaut.

„Wir müssen im Weinberg die Qualität erzeugen – so wie die Trauben sind, so wird der Wein!", erklärt Frey, der kleinbeerige, lockere Trauben bevorzugt und im Rotweinbereich stark auf altes französisches Pinot-Pflanzgut setzt.

Insgesamt bewirtschaften die Freys 15 Hektar Rebflächen.

IM WEINKELLER

„Natürlich setzen wir auch auf Spontanvergärung, wenn es die Qualität hergibt, da dies den Terroir-Charakter immer besser zum Ausdruck bringt.

Generell lassen wir unsere Weißweine sehr langsam vergären und auf der Hefe bis zur Abfüllung im April liegen.

Die Rotweine werden etwa zwei Wochen maischevergoren und dann je nach Qualität bis zu 15 Monaten im kleinen Barriquefass ausgebaut."

Frey gliedert seine Weine in drei Qualitätsstufen. Die Basisqualität bilden Lagenweine aus dem Glottertäler Eichberg, Gundelfinger Sonnenberg oder Denzlinger Sonnhalde. Dann folgen die mittlere Linie Gneis, die zu 100% auf Gneis-Verwitterungsböden gewachsen ist, und die extrem ertragsreduzierte Top-Linie Aigi (der Name entstammt einer Gewann-Bezeichnung des Eichbergs).

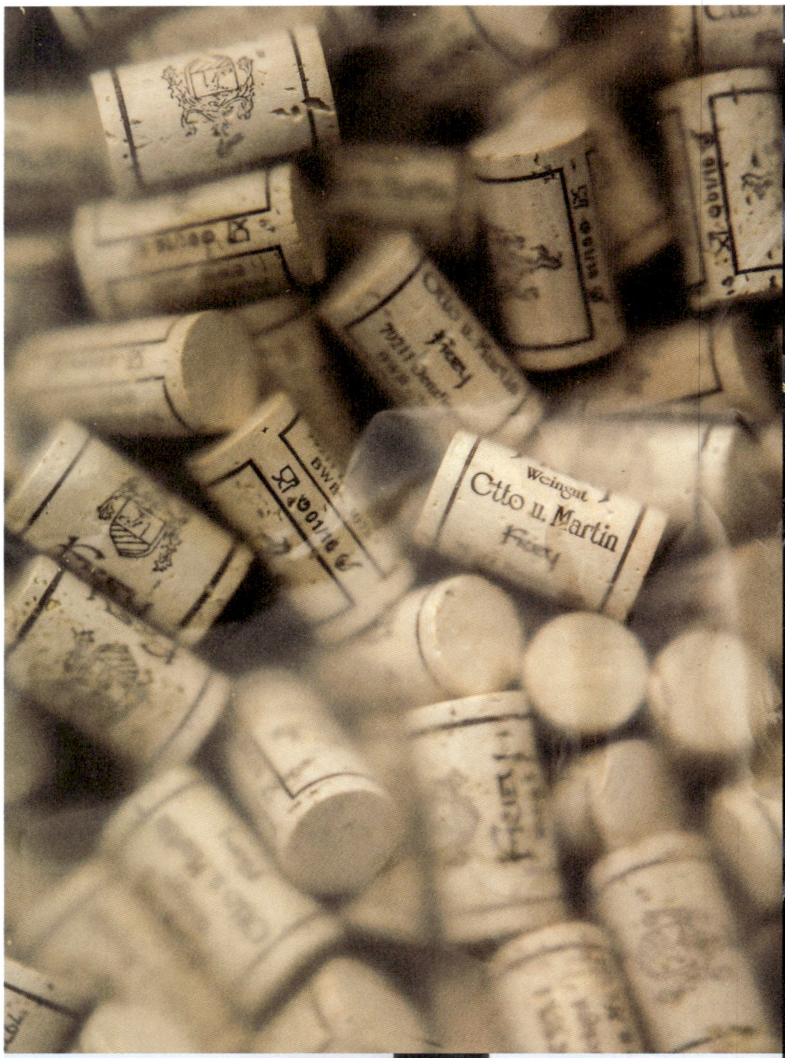
Weingut
Otto u. Martin
Frey

Frey

„Natürlich setzen wir auch auf Spontanvergärung, wenn es die Qualität hergibt, da dies den Terroir-Charakter immer besser zum Ausdruck bringt."

WEINSORTIMENT

• Den Reigen eröffnet ein prickelnder, mit schöner Säure und etwas Restsüße ausgestatteter *2014 Riesling Sekt*, sortenrein und vom Eichberg, schon jetzt ein junger Klassiker des Weinguts.

• Der *2015 Weißburgunder trocken* mit seinem Duft nach Holunderblüten und Quitte und seiner harmonischen Säure ist ein herrlicher Einstiegswein.

• Der *2015 Gneis Weißburgunder trocken* spontan vergoren, besticht durch noch mehr Struktur, einen schönen Schmelz und gelbfruchtige Aromen mit leichter Salzigkeit.

• Der *2014 Aigi Weißburgunder*, ein weißer Spitzenreiter des Hauses, auch spontanvergoren, mit ausgeprägter Frucht und einer bestechenden Mineralität, ist bei aller Wucht ein vielschichtig strukturierter Genuss.

• Der *2015 Sauvignon Blanc* liegt nicht nur voll im Trend, sondern ist intensiv in seinen Stachelbeere- und Brennnesselaromen und beeindruckt durch knackige Säure und etwas Restsüße.

• Auch bei den Rotweinen überzeugt schon der *2014 Spätburgunder trocken* mit einer ausgeprägten Frucht und schlanker Tanninstruktur.

• Der *2013 Gneis Spätburgunder trocken* wird früh gelesen, bei 90°bis 95° Öchslegraden, um die klare Frucht nach Kirsche und einem Hauch von Röstaromen zu erhalten. Der Wein überzeugt durch Mineralität, Kraft und einen schönen langen Abgang.

• Der *2012 Aigi Spätburgunder trocken* ist der Top-Rotwein des Weinguts. Hochkomplex, enorme Fruchtintensität und ein leuchtendes Granatrot im Glas machen diesen herrlichen Pinot Noir zu einem besonderen Trinkerlebnis.

SONST NOCH

Frey nennt Bernhard Huber einen Visionär und sein persönliches Idol. Seinen ganz eigenen Stil hat der begabte Winzer aber längst gefunden. Ein Besuch im Weingut lohnt natürlich immer.

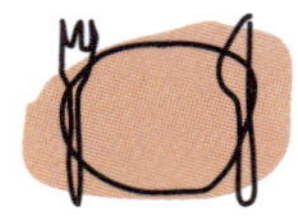

GUTES ESSEN

REBSTOCK-STUBE
Hauptstraße 74
79211 Denzlingen

WIRTSHAUS ZUR SONNE
Talstraße 103
79286 Glottertal

DREXLERS RESTAURANT
Rosastraße 9
79098 Freiburg

ÜBERNACHTEN

REBSTOCK-STUBE
Hauptstraße 74
79211 Denzlingen

2015
AUXERROIS QBA
TROCKEN
GLOTTERTÄLER EICHBERG

ALKOHOL 11,5% vol.
SÄURE 5,5 g/l
RESTZUCKER 3,0 g/l

Reduktive, leicht hefige Nase mit einem Touch von Weinbergpfirsich und Sternenfrucht. Sehr frische und saftige Säure.

2015
GRAUBURGUNDER GNEIS QBA TROCKEN

ALKOHOL 12,5% vol.
SÄURE 6,1 g/l
RESTZUCKER 0,6 g/l

Vielschichtiger Grauburgunder mit nussig-erdigem sowie mineralischem Geschmack und langem Nachhall.

2014
WEISSBURGUNDER AIGI QBA TROCKEN

ALKOHOL 13,0% vol.
SÄURE 6,4 g/l
RESTZUCKER 0,1 g/l

Schöne mineralische und florale Noten mit einem Hauch von Anis und reifer Birne und Aprikose. Langer Abgang mit einer harmonischen, saftigen Säure. Gereift im Barriquefass.

2012
SPÄTBURGUNDER GNEIS QBA TROCKEN

ALKOHOL 12,5% vol.
SÄURE 5,0 g/l
RESTZUCKER 0,5 g/l

Leuchtende rubinrote Reflexe. Im Vordergrund spürt man reife Cassis sowie einen feinen Duft nach roter Paprika. Weiche Tannine, vielschichtiger reifer Körper, das Ganze untermalt mit röstigen Aromen.

UNSERE PHILOSOPHIE

Unser Familienbetrieb legt großen Wert auf einen naturgerechten biologischen Anbau der Trauben. Im anschließenden Weinausbau spielt die Zeit die wichtigste Rolle.

Die Zeit – die Zeit der Reife, die Zeit der unaufgeregten Gärung und vor allem die Zeit des mehrjährigen Hefelagers – bringt unseren Bioweinen die Langlebigkeit und Fülle.

Die Zeit ersetzt uns all die kleinen Helferlein, die ansonsten einem jungen Tropfen Reife verschaffen sollen.

Öko Wein- und Sektgut Heinrich Gretzmeier

Badischer Weißwein kann auch fruchtig, säurebetont und leicht sein, er kommt dann mit vergleichsweise wenig Alkohol aus. Dem Weingenuss ist das nicht abträglich. Im Gegenteil, der „Grüne Markgräfler" Gutedel ist ein eindrucksvolles Beispiel eines leichten, spritzigen, bestens vinifizierten Weißweines mit rund 10 % Alkohol.

Jetzt hat der Merdinger Öko-Winzer und Landwirtschaftsvisionär Heinrich Gretzmeier eine längst totgeglaubte Tuniberger Legende zu neuem Leben entfacht: den badischen Elbling. Dieser ebenfalls wunderbar fruchtige, säurebetonte, und dabei filigrane Weißwein mit 10 % Alkohol feiert bei Gretzmeier seit 2009 ein Comeback. Die erstmals 2010 ausgebauten 1700 Liter waren innerhalb von 14 Tagen restlos ausverkauft.

4

INHABER
Heinrich Gretzmeier

ADRESSE
Wolfshöhle 3
79291 Merdingen
Telefon 07668 94230
weingut-gretzmeier@gmx.net
www.gretzmeier.de

ÖFFNUNGSZEITEN
Montag–Freitag von 8–18.30 Uhr,
Samstag 8–16 Uhr
Unsere Straußwirtschaft ist im Frühjahr und Herbst geöffnet (Montag–Freitag ab 17 Uhr, Sonn- und Feiertag ab 16 Uhr).
Die genauen Termine finden Sie auf unserer Homepage.

Heinrich Gretzmeier hat einer längst totgeglaubten Tuniberger Legende zu neuem Leben verholfen: dem badischen Elbling.

LAGEN
Merdinger Bühl

REBFLÄCHE
10 Hektar

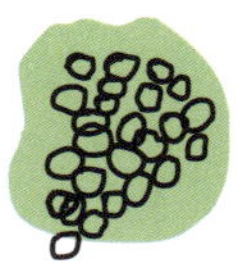

REBSORTEN
Blauer Spätburgunder
Grauburgunder
Weißer Burgunder
Auxerrois
Chardonnay
Gewürztraminer
Müller-Thurgau
Roter Muskateller
Regent
Cabernet Sauvignon

JAHRESPRODUKTION
70.000 Flaschen

„Der Elbling lässt sich auch ausgezeichnet als Verschnittpartner anstelle von Weinsäure verwenden, wenn mal einem Jahrgang die Säure fehlt", erzählt der umtriebige, vor Energie nur so strotzende Winzer.

Gretzmeier hat so lange mit dem Regierungspräsidium Freiburg positiv verhandelt, bis er eine Sondergenehmigung erhielt. Nun baut er diese sehr ertragreiche Sorte am Tuniberg ökologisch aus. Warum der Ausbau des Elbling je verboten wurde, weiß Gretzmeier auch nicht. Umso größer sein Verdienst, diese alte Kulturrebe wieder in sein Weinsortiment aufzunehmen.

Aus dem elterlichen Mischbetrieb formte Gretzmeier schon 1986 eines der ersten Öko-Weingüter der Region. Heute bewirtschaftet er über 10 Hektar Reben in besten Burgunderlagen rund um Merdingen.

Er liebt die alten Sorten wie Gewürztraminer oder Roter Muskateller, die er als „milde" Varianten mit hohem Restzucker ausbaut – oder „pfurztrocken" mit herrlicher Säure und eher geringen Restzuckerwerten.

IM WEINBERG

„Als ich 1989 endgültig die gesamte Produktion auf Bio umgestellt hatte, gab es gerade mal ein einziges Buch über ökologischen Weinanbau. Diese Weisheiten würden heute auf eine Seite passen", schmunzelt der Chef.

„Es ist nicht gut, nur weil es Öko ist, es ist erst gut, wenn die Qualität des Öko-Weines gleichwertig ist mit der konventionell hergestellter Weine. Heute bin ich froh, dass wir immer öfter sogar besser sind!"

Maßgeblich trägt das ausgeklügelte System seines Bodenmanagements im Rebberg zum Niveau seiner Weine bei.

Guter Wein braucht gesunde Rebstöcke. Gretzmeier begrünt seine Böden im Weinberg mit einer ausgewogenen Mischung aus angesämten und sich natürlich ansamenden Arten. So ist es eine Kombination aus Stickstoff bildenden Pflanzen wie Kleearten und Blattmasse bildenden „Nährstoffzehrern" wie Kohlgewächsen. Es entsteht eine natürliche Lockerung des Bodens und ein Dauerhumus, der eine gleichmäßige Nährstoffzufuhr der Reben sichert.

Und dann ersetzt Gretzmeier rigoros Quantität durch Qualität. Die Reben haben durch breite Gassen und normale Pflanzabstände viel Luft, was sie weniger anfällig für Pilzerkrankungen macht.

Außerdem setzt er konsequent auf reduzierende Maßnahmen beim Rebschnitt. Seine Produktion beträgt maximal 70 hl/ha im Müller-Thurgau und 30 bis 50 hl/ha im Spätburgunder, und er investiert zwischen 800 und 1000 Stunden Arbeit pro Hektar im Weinberg, ein vergleichsweise sehr hoher Wert.

Der liebe Gott
hat nicht gewollt
daß edler Wein
verderben sol
Drum hat er uns
nicht nur die Reb
sondern au
den Durst gegeb

Während bei den Weißweinen viel Wert auf fruchtige Frische gelegt wird, ist Gretzmeier bei seinen Rotweinen Traditionalist im besten badischen Sinne.

IM WEINKELLER

Neben dem traditionellen Müller-Thurgau sind es Weißer Burgunder, Grauer Burgunder, Auxerrois, Chardonnay, klassischer Ruländer, ein Rosé-Cuvée aus 80% Cabernet und 20% mildem Weißherbst, die zum Weißwein-Sortiment gehören.

Daneben stehen natürlich die Spätburgunder Rotweine aus verschiedenen Lagen in unterschiedlichen Güteklassen, aber auch ein reiner Cabernet und seine inzwischen berühmte rote Cuvée „Zwulcher" mit 80% Regent, 15% Blauer Spätburgunder und 5% Cabernet-Trauben.

Gretzmeier lässt seine Weine in Ruhe reifen, alle Rotweine durchlaufen nach der Maische-Gärung eine mindestens 2-jährige Fassreife. Wenn die Qualität des Leseguts ausreicht, werden Jahrgänge auch im kleinen Barrique-Holzfass ausgebaut.

Während bei den Weißweinen viel Wert auf fruchtige Frische gelegt wird, ist Gretzmeier bei seinen wunderbar bekömmlichen Rotweinen eher Traditionalist im besten badischen Sinne.

SONST NOCH

Natürlich baut Gretzmeier heute auch seine eigenen, handgerüttelten Sektsorten aus und hat herrliche edelsüße Raritäten im Sortiment.

Ehefrau Elvira Gretzmeier ist nicht nur eine ausgezeichnete Köchin, sondern betreibt von Mitte März bis Anfang Mai und von Mitte August bis Ende Oktober die hauseigene Straußenwirtschaft mit deftig feinen Tuniberger Spezialitäten. Die Strauße ist jeden Tag außer samstags ab 17 Uhr geöffnet. Mit krossem Flammkuchen aus eigener Herstellung, Schäufele mit einem hervorragenden selbstgemachten Kartoffelsalat, Treberwurst und wunderbaren sauren Rüben, Hausmacher Schwarz- und Leberwurst und knackigen Salaten aus dem eigenen Garten kann man, bei schönem Wetter auch im lauschigen Innenhof, entspannt genießen und das breite Weinsortiment verkosten.

2013
ELBLING SEKT
BRUT

ALKOHOL 11% vol.
SÄURE 5,2 g/l
RESTZUCKER 12,2 g/l

Duft nach frischen Früchten und leichtem Walnussaroma. Im Abgang feine Perlage, animierend, frisch und unkompliziert.

2009
TITUS SEKT
EXTRA BRUT
CUVÉE

ALKOHOL 12,5% vol.
SÄURE 4,9 g/l
RESTZUCKER 3,9 g/l

Duft nach vollreifen goldgelben Birnen, etwas reifer Mirabelle, zarte Noten von Brioche. Im Abgang großes Volumen, sehr ausdrucksstark, feine Cremigkeit.

2013
GRAUER BURGUNDER KABINETT
TROCKEN

ALKOHOL 12,5% vol.
SÄURE 5,2 g/l
RESTZUCKER 2,6 g/l

Duft nach reifen Äpfeln, etwas Melone und Ananas. Im Abgang saftig, voller Grauburgunder, wunderbare Harmonie von Frucht, Säure und Tanninen.

2014
CHARDONNAY
SPÄTLESE BARRIQUE
TROCKEN

ALKOHOL 14% vol.
SÄURE 5,5 g/l
RESTZUCKER 1,5 g/l

Dichtes Bukett von gelben reifen Pflaumen, zarte Trüffelaromatik, Bienenwachs, Honig, Vanille. Im Abgang kräftiger Chardonnay mit großem Volumen, sehr harmonische Tannin- und Säurestruktur, wunderbar cremig.

2010
PINOT NOIR BARRIQUE
TROCKEN

ALKOHOL 14% vol.
SÄURE 5,0 g/l
RESTZUCKER 0,8 g/l

Duft nach Dörrpflaumen, zartes Sauerkirscharoma. Im Abgang feine Säurestruktur, elegante Mineralität, kräftig, warm am Gaumen.

2007
ZWULCHER EXCLUSIV BARRIQUE
TROCKEN

ALKOHOL 14% vol.
SÄURE 5,3 g/l
RESTZUCKER 2,0 g/l

Duft nach dunkler Schokolade, Mokka, etwas Johannisbeere, dezent nach Vanille. Im Abgang angenehm ausgeglichen, perfektes Tanninkleid, kräftig und langanhaltend. Sehr vielschichtig.

UNSERE PHILOSOPHIE

Puristisch – Authentisch – Unverwechselbar

JOACHIM HEGER

Weingut Dr. Heger

Joachim Heger, der international wie national hochdekorierte badische Ausnahmewinzer, setzt auf seinem Weg an die Spitze konsequent auf Vielfalt. Der Ihringer ist der erfolgreichste badische Winzer der letzten Jahre. Vom Gault Millau 1998 noch zum „Aufsteiger des Jahres" gewählt, wurde er 2013 mit der Krone „Winzer des Jahres" ausgezeichnet. Eichelmanns Weinführer verlieh ihm im gleichen Jahr den Titel „Weingut des Jahres" für die beste Rotweinkollektion und bewertete seinen 2010 Spätburgunder Häusleboden Großes Gewächs (GG) aus dem Ihringer Winklerberg mit 94 von 100 möglichen Punkten.

5

INHABER
Joachim Heger

ADRESSE
Bachenstr. 19–21
79241 Ihringen
Telefon 07668 99511 0
info@heger-weine.de
www.heger-weine.de

ÖFFNUNGSZEITEN
Montag-Freitag: 9.00–12.00 und
13.30–17.30 Uhr,
(März–Oktober bis 18.30 Uhr)
Samstag: 10.00–14.00 Uhr
(September und Oktober
bis 16.00 Uhr)
Sonn- und feiertags geschlossen

GAULT MILLAU

★★★★★
EICHELMANN

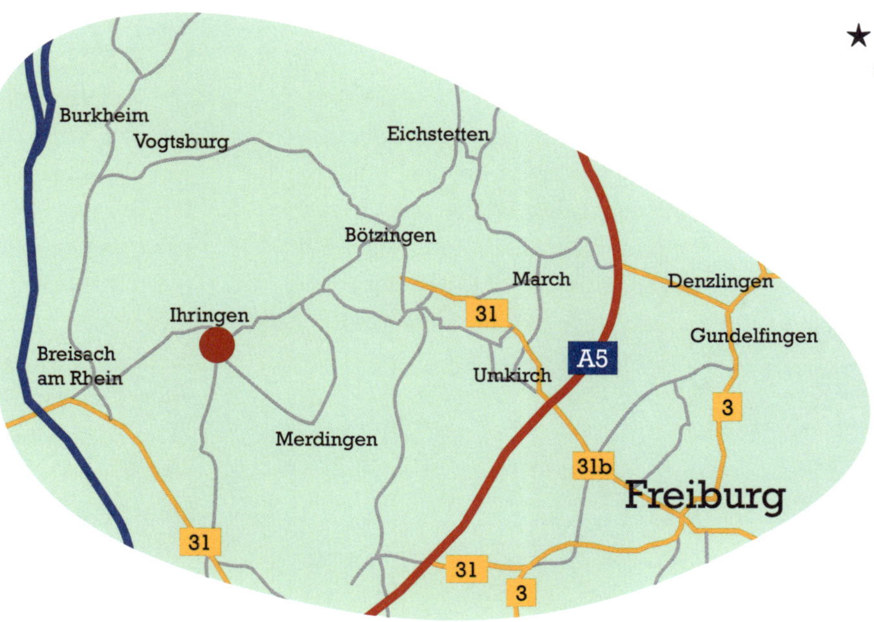

„Dogmatisches Arbeiten ist der Feind des guten Weins! Man muss doch die ganze Partitur spielen und darf nicht auf Uniformität setzen."

LAGEN
Ihringer Winklerberg
Achkarrer Schlossberg

REBFLÄCHE
26 Hektar

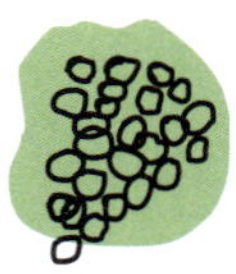

REBSORTEN
Spätburgunder
Riesling
Grauburgunder
Weißburgunder
Muskateller
Silvaner
Chardonnay
Scheurebe
Gewürztraminer
Viognier
Cabernet Sauvignon
Merlot
Cabernet Franc

JAHRESPRODUKTION
150.000 Flaschen

„Nie im Leben würde ich alles gleich machen wollen. Dogmatisches Arbeiten ist der Feind des guten Weins! Man muss doch die ganze Partitur spielen und darf nicht auf Uniformität setzen", erklärt Heger dezidiert. Genau diese Bandbreite spiegelt sich in seiner heutigen Bestellliste, deren Studium an sich schon ein Erlebnis in badischer Weinkunde darstellt.

Alles begann 1935, als Landarzt Dr. Max Heger in Ihringen dem Hobby Weinbau frönte und dabei nach und nach sehr gute Lagen erwarb. Sein Sohn Wolfgang Heger, genannt Mimus, folgte dem Vater 1949 und entwickelte das Weingut als Vollerwerbswinzer.

Als 1992 Silvia und Joachim Heger dann die volle Verantwortung übernahmen, war das Fundament gelegt. Für die so großartige Entwicklung des Weinguts Dr. Heger und des Weinhauses Heger zeichnet die heutige Inhaberfamilie verantwortlich.

Hegers Prinzip aus frühesten Ausbildungstagen – „Rumreisen, fragen, zuhören, gucken, probieren" – gilt für ihn heute noch. „Die Weine müssen immer den Boden, ihre Herkunft, zeigen. Sie müssen ausreichend Säure und eine in sich stimmige Eleganz ausweisen, bei aller Fülle und einem kräftigen Geschmack!"

IM WEINBERG

Das Weingut Dr. Heger ist heute der größte Steillagenwinzer unter den privaten Weingütern, seine Vorzeigelagen sind am legendären Ihringer Winklerberg mit seinem rotbraunen Vulkangestein angesiedelt, und zwar dort, wo er am steilsten und somit am schwierigsten zu bearbeiten ist. Dazu kommen Lagen am nicht minder bekannten Achkarrer Schlossberg. Beide Standorte mit vulkanischen Verwitterungsgesteinsböden gehören zu den wärmsten Orten in Deutschland.

WEINSORTIMENT

Heger unterscheidet sein Sortiment in Weingut Dr. Heger für seine Spitzenprodukte und in Weinhaus Heger.

Um der stetig gewachsenen Nachfrage gerecht zu werden, sind im Weinhaus Heger zu den bereits vorhandenen Flächen weitere eigene Anbauflächen und solche von ausgesuchten Partnern mit Lagen auf Lössböden hinzugekommen. Hier entstehen leichte, frische und sehr fruchtige Weine für den täglichen Gebrauch. Alle Weine werden im Heger'schen Keller nach den gleichen strengen Qualitätsprinzipien durchgegoren, also trocken ausgebaut. Hegers Weiße Burgunder und Chardonnays sind längst berühmt. Ihringen war aber auch einmal der größte Silvanerort Deutschlands.

• Der 2014 Silvaner Ihringer Winklerberg ist mit seinen Birnen-, Mirabellen- und Quittenduftnoten und seinem klaren, filigranen und eleganten Schmelz einer der besten seiner Art.

503
34

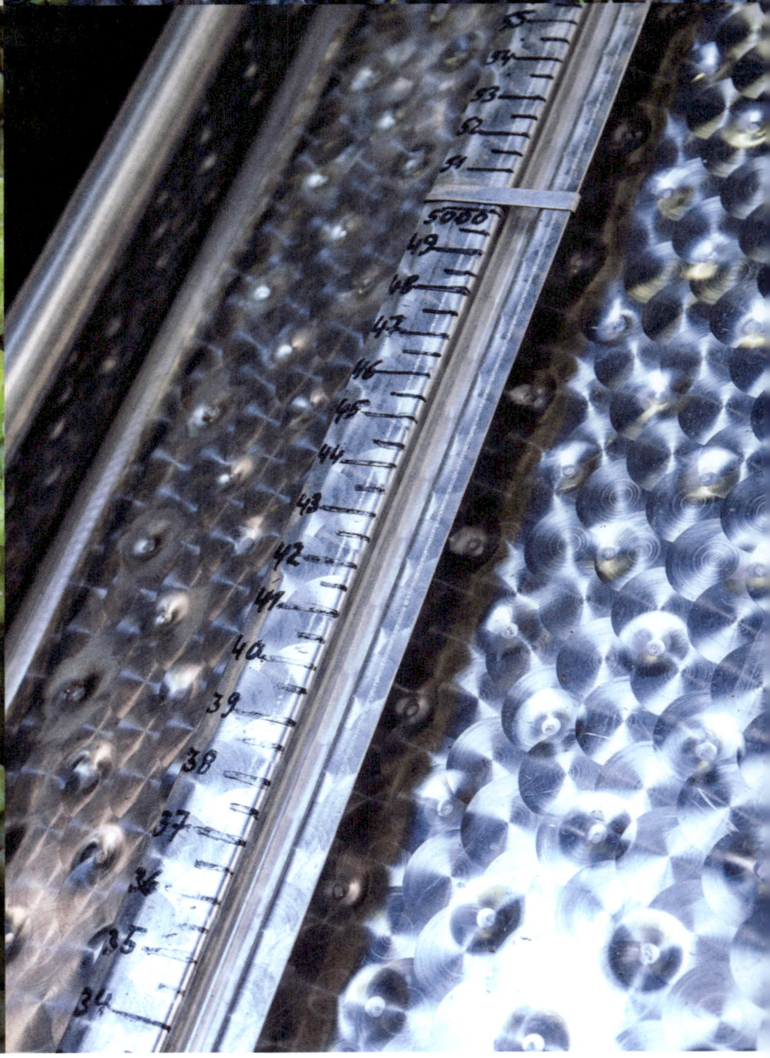

Diese finessereichen, noblen, geschmacksintensiven und dabei so schlanken Spätburgunder stehen exemplarisch für das immer noch recht junge Rotweinwunder in Deutschland.

• Auch beim Riesling glänzt Heger, der *2014 Ihringer Winklerberg Riesling* GG mit seinem Bouquet von frischen Zitrusfrüchten und einer kühlen Mineralität, dem eleganten Säurespiegel und einer herrlichen Würze im Geschmack ist ein großes Erlebnis. „Mehr Terroir geht nicht!", schmunzelt Heger und weist auf die bis zu 8 Meter langen Wurzeln im Vulkangestein hin.
• Auch sein *2012 Achkarrer Schlossberg Riesling* GG ist ein vielschichtiger, lebhafter Grand Cru mit grüner Ananas, Limettenschalen und Granny Smith Äpfeln im Duft und einer fast betörend salzigen Mineralität im Geschmack.
• Der beeindruckende *2014 Weißburgunder Ihringer Winklerberg* VDP.ERSTE LAGE ist mit wunderbarer Säure, feinster Mineralität und einem puristischen Pinot-Blanc-Erlebnis auch der Stolz des Erzeugers.
• Der *2014 Achkarrer Schlossberg Grauburgunder* GG *Barrique trocken* gehört zu den besten Grauburgundern Deutschlands.
• Unbedingt erwähnen muss man noch den *2014 Ihringer Winklerberg Muskateller trocken* VDP.ERSTE LAGE hocharomatisch mit reifen Früchten und komplexer Struktur, dennoch frisch und kraftvoll im Abgang. Auch beim Spätburgunder hat sich Heger in den vergangenen Jahren neben dem Weingut Huber einen erstklassigen Namen erarbeitet.
• *Der 2012 Ihringer Winklerberg Mimus Spätburgunder Barrique* VDP.ERSTE LAGE mit seinen feinwürzigen Aromen aus Schlehen und Wildkirsch, seinem grazilen Fruchtkörper und feinen Tanningerüst, ist ein Dauergast auf vielen Weinpodesten und der bestverkaufte Rotwein im Topsegment in Deutschland.
• Den *2012 Ihringer Winklerberg Spätburgunder* GG *Barrique* hat Heger schon im August geherbstet, damit er seine leicht kantige Härte, seine pfefferigen Aromen und seine exquisiten Waldbeeren- und Kirschdüfte sowie die feinen Hölzer im Geschmack nicht verlieren möge.
Dies ist für Heger der größte Rotwein des Jahres 2012.

SONST NOCH

Seit fünf Jahren bewirtschaftet er den Häusleboden ökologisch. Dort stehen fast 60 Jahre alte Reben, von dort kam 2012 der teuerste Rotwein im Sortiment Heger, der eine große Zukunft verspricht. Diese finessereichen, noblen, geschmacksintensiven und dabei so schlanken Spätburgunder stehen exemplarisch für das immer noch recht junge Rotweinwunder in Deutschland.

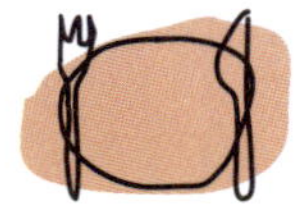

GUTES ESSEN

Baden ist ein Paradies für Menschen, die gutes Essen und guten Wein schätzen. Es gibt hier so viele Winzerorte mit mindestens einer guten Wirtschaft, in der man ganz fantastisch die Höhepunkte badischer und zum Teil auch elsässisch-französisch inspirierter Küche genießen kann.

2015
IHRINGER WINKLERBERG
SILVANER
TROCKEN
VDP.ERSTE LAGE

ALKOHOL 13,5% vol.
SÄURE 5,3 g/l
RESTZUCKER 0,5 g/l

Frischer Duft nach Kräutern und Fruchtnoten. Am Gaumen balancieren die würzig-fruchtigen Aromen, die präzise Struktur, ein kräftiger und nachhaltiger Körper, langfließende Mineralität. Der intensive Geschmack wird von einem lebendigen Säurespiel begleitet.

2014
IHRINGER
VORDERER WINKLERBERG
RIESLING GG
TROCKEN
VDP.GROSSE LAGE

ALKOHOL 12% vol.
SÄURE 7,0 g/l
RESTZUCKER 2,8 g/l

Ausgesprochen mineralisch-rassiger Duft von geradezu kühler Noblesse nach Limetten, weißen Blüten, Karambole und säuerlichen gelben Früchten. Fokussierte Ansprache, präzise und feinrassige Frucht am Gaumen.

2014
IHRINGER WINKLERBERG
WEISSBURGUNDER
TROCKEN
VDP.ERSTE LAGE

ALKOHOL 13% vol.
SÄURE 5,8 g/l
RESTZUCKER 0,1 g/l

Ungemein frischer und klarer Duft nach weißen Mirabellen, Zitrusfrüchten und weißen Blüten, unterlegt mit feinpflanzlichen Anklängen. Die glockenhelle Frucht wird mit feiner Salzigkeit zum Finish bereichert.

2014
ACHKARRER SCHLOSSBERG
GRAUBURGUNDER GG
BARRIQUE
TROCKEN
VDP.GROSSE LAGE

ALKOHOL 13% vol.
SÄURE 5,4 g/l
RESTZUCKER 0,4 g/l

Gleichermaßen reiches wie nobles Bukett nach Birnentarte, karamellisiertem Apfel, gelben Pflaumen, edlen Gewürznoten, ganz fein cremigen Vanillenoten sowie einem Anflug würziger Lohe. Geradezu barock aufgefächerter Reichtum im langen Finish, Anklänge von karamellisierten Mandeln bereichern dabei die satte Frucht.

2015
IHRINGER WINKLERBERG
MUSKATELLER ***
TROCKEN
VDP.ERSTE LAGE

ALKOHOL 13% vol.
SÄURE 6,0 g/l
RESTZUCKER 0,9 g/l

Die Trauben für diesen Wein stammen aus einer Rebanlage, die 1951 am Ihringer Winklerberg gepflanzt wurde. Das Bukett besticht mit tropischen Früchten und Pikanz, der Körper mit fein-mineralischem Säurespiel am Gaumen. Das verführerische Aroma nach weißen Pfirsichen ist wunderbar strukturiert und geht in ein anregendes Finish über.

2012
IHRINGER WINKLERBERG
MIMUS SPÄTBURGUNDER
BARRIQUE
TROCKEN
VDP.ERSTE LAGE

ALKOHOL 13% vol.
SÄURE 5,0 g/l
RESTZUCKER 1,6 g/l

Hochfeines, fein verwobenes und elegantes Bukett nach roten Johannisbeeren, Hagebutten, Wildkirschen, Cranberries sowie Anklängen von Backgewürzen, edler Schokolade und subtil rauchiger Mineralität. Immens attraktiver, feinfruchtiger Charme, aber auch noble Tiefe.

UNSERE PHILOSOPHIE

Die Philosophie vom Weingut Heinemann ist es, naturnah und schonend zu arbeiten, die mehr als 450 Jahre alte Familientradition zu wahren und die Weinbautechnik stetig weiterzuentwickeln. Begrenzte Traubenerträge sowie ein gesundes, vollreifes Lesegut garantieren filigrane und leichte Weine mit Charakter der Spitzenklasse.

Weingut Heinemann

„Vor acht Jahren habe ich begonnen, alles umzubauen. Während wir uns früher an hohen Öchsle-Graden und etwas Botrytis erfreut haben, hole ich heute meine Trauben wesentlich früher.

Es kommen nur reife und gesunde Trauben in den Keller, wir arbeiten sehr ertragsreduziert und so schonend wie möglich. Ich lasse meine Weißweine bis zur Flaschenfüllung auf der Weinhefe liegen und alle meine Rotweine haben in ihrem Leben ein Holzfass gesehen“, erklärt der vor Energie nur so strotzende Winzer Lothar Ernst Heinemann seine Philosophie.

„Ich möchte schlanke, elegante und natürlich fruchtige Weine machen, die durch Kraft und Eleganz überzeugen!“

6

INHABER
Lothar Heinemann

ADRESSE
Mengener Straße 4
79238 Ehrenkirchen-Scherzingen
Telefon 07664 6351
weingut-heinemann@t-online.de
www.weingut-heinemann.de

ÖFFNUNGSZEITEN
Montag–Freitag 10–12 Uhr
und 13–18 Uhr
Samstag 10–16 Uhr

GAULT MILLAU

★★★
EICHELMANN

„Ich lasse meine Weißweine bis zur Flaschenfüllung auf der Weinhefe liegen und alle meine Rotweine haben in ihrem Leben ein Holzfass gesehen.“

LAGEN
Scherzinger Batzenberg
Pfaffenweiler Oberdürrenberg

REBFLÄCHE
17 Hektar

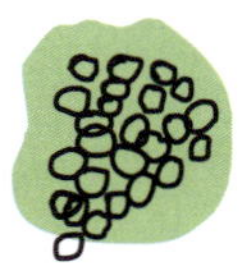

REBSORTEN
Muskateller
Cabernet Sauvignon
Gutedel
Spätburgunder
Sauvignon Blanc
Weißburgunder
Gewürztraminer
Chardonnay
Grauburgunder

JAHRESPRODUKTION
90.000 Flaschen

Heinemann ist ein ehrgeiziger Perfektionist und steht dazu. Seit 1985 macht er Wein, seit 2000 hat er das Zepter von seinem Vater Ernst Heinemann übernommen, seit 1556 betreibt die Familie Weinbau in Scherzingen bei Ehrenkirchen im Markgräfler Land. Drei Trauben im Gault Millau- und drei Sterne im Eichelmann-Weinführer zeichnen das Weingut aus.

„Es müssen alle Qualitätsstufen gut sein, natürlich auch die Einstiegsweine. Ich versuche, mich ständig fortzubilden, und bin stolz, meine eigene Stilistik im Wein zu finden.

An erster Stelle steht mein trockener Gutedel ‚Alte Reben‘, er ist aus meinem Sortiment natürlich nicht wegzudenken, schließlich haben wir schon zweimal den Gutedelcup gewonnen“, schmunzelt Heinemann, der eben auch für seinen Chardonnay, Spätburgunder, Weißer Sauvignon, Muskateller und Gewürztraminer bekannt ist.

Der Batzenberg beheimatet seine Anbauflächen, Bodenverhältnisse von tonigem Lehm über Löss mit Kalkverwitterungsgestein sind ideale Standorte für die unterschiedlichsten Rebsorten. Heinemann will durchgegorene, „terroir“-geprägte Weine.

IM WEINBERG

Heinemann arbeitet heute schon zu 70% ökologisch auf seinen 17 Hektar, mit steigender Tendenz. Er düngt organisch und begrünt seine Böden.

Ertragsreduzierung von 50 l/Ar – bei seinen „S“ und „SR“ Reserve Qualitäten wird auf bis zu 30 l/Ar reduziert, Heinemann nennt das „Traubendesign“ – steigert die Qualität seiner Ernten. Besonders stolz ist Heinemann auf seine nur schwer zu bearbeitenden Steillagen am Batzenberg.

WEINSORTIMENT

Heinemann beginnt die Verkostung mit seinen Blauen Spätburgundern, die überwiegend von französischen Pinot-Noir-Klonen stammen.

- *Der 2014 Blauer Spätburgunder Alte Reben* ist ein großartiger Vertreter seiner Sorte mit kräftigen, vollen Fruchtaromen und noch jugendlicher Kraft. Ein ausgezeichneter Einstiegswein, der im alten Holzfass ausgebaut wurde.
- Der *2013 Blauer Spätburgunder Selektion „S“* lag 14 Monate im Barrique und besticht mit satten Kirschfrucht-Noten, feiner Säure und etwas Veilchen-Schokolade-Geschmack im langen Abgang.
- Noch einen Schritt nach oben macht der *2013 Blauer Spätburgunder Selektion „SR“*, der 18 Monate im Barrique lag und seine Hochform noch gar nicht erreicht hat. Schon jetzt reizen seine Kirsch- und leichten Tabakaromen, seine Kraft und dennoch schon schmeckbare Eleganz. Besonders hervorheben muss man noch

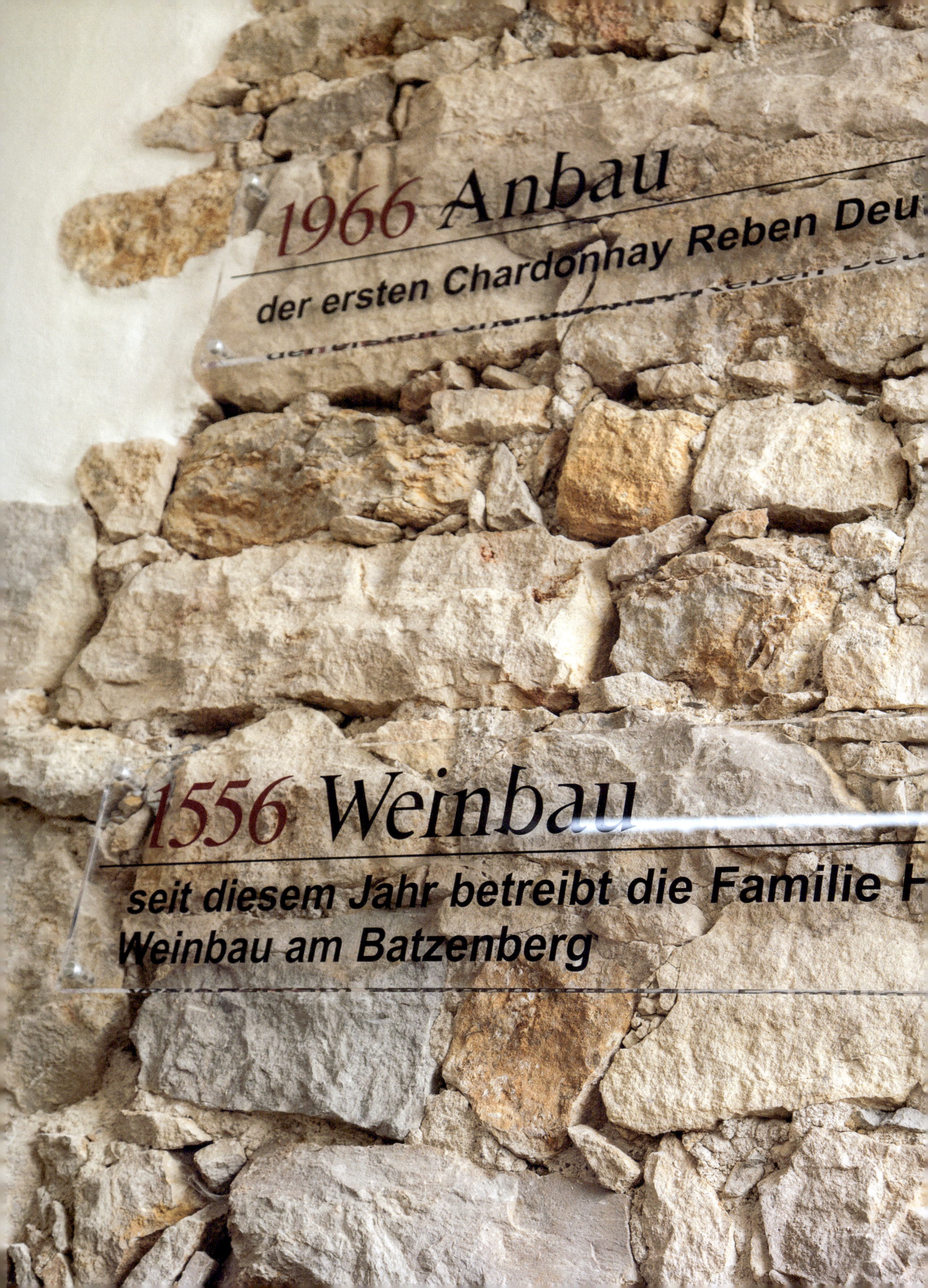
1966 Anbau
der ersten Chardonnay Reben Deu
1556 Weinbau
seit diesem Jahr betreibt die Familie H
Weinbau am Batzenberg

1979
Spätb.
Rotw.
1979
Spätb.
Rotwein
Kab
1979

MA

1998
1998
1998

Besonders stolz ist Heinemann auf seine nur schwer zu bearbeitenden Steillagen am Batzenberg.

die *2010 Blauer Spätburgunder Selektion „s“* in der Magnumflasche und die *2010 Selektion „SR“*, ebenfalls in der Magnumflasche.

- Erstaunliche Geschmackserlebnisse gibt es auch beim *2011 Carbernet & Merlot Selektion „s“*, der mit seiner pfeffrigen Würze überzeugt.
- Ein Signature Wein des Hauses ist natürlich der *2014 Weißer Gutedel Alte Reben Kabinett trocken*, mit nur 10,5 % vol. Alkohol, einer herrlichen Birnenaromatik und frischer Säure. Ein Gutedel wie aus dem Bilderbuch.
- Der *2014 Weißburgunder Kabinett trocken*, mit 12 % vol. Alkohol, ist herrlich trinkbar, mit Säure und Kraft, Eleganz und Gradlinigkeit.
- Schon reifere Früchte, mineralische Noten und etwas mehr Wucht sind beim *2014 Weißburgunder Selektion „s“* zu spüren.
- Auch der *2014 Grauburgunder Kabinett trocken* mit nur 12 % vol. Alkohol und Honigmelonen-Fruchtnoten ist ein sehr gelungener Einstiegswein.
- Der *2014 Grauburgunder Selektion „s“* ist noch kraftvoller, runder, dennoch elegant und wurde zu den TOP-10 Grauburgundern Deutschlands gewählt.
- Seit 1966 baut Heinemann Chardonnay-Reben an. Sein *2014 Chardonnay Kabinett trocken* ist ein wunderbarer erfrischender Wein mit Zitrus- und exotischen Fruchtaromen, der größere Bruder *2014 Chardonnay Selektion „SR“* ist schlicht bestechend.
- Die Auswahl wird abgerundet mit einem *2014 Weißer Sauvignon Kabinett trocken* mit seinen Aromen nach grünem Paprika und frischem Gras.
- Zu guter Letzt präsentiert Heinemann noch eine *2014 Gewürztraminer Spätlese Edelsüß* mit 10 % Alkohol und 60 g Restzucker. Dieser nicht zu süße Dessertwein kommt vom Oberdürrenberg in Paffenweiler, hat herrliche Fruchtnoten nach Erdbeeren und Rosenaromen und gleichzeitig eine anregende Würze im Abgang.
- Ein heute noch großartig trinkbarer *1983 Gewürztraminer Auslese*, mit wunderbar klarer Würze, feiner Säure und einer leichten Petrol-Note aus dem Heinemann'schen Raritätenkeller zeugen vom Können seines Vaters, der für die damalige Zeit sehr innovationsfreudig war und viel mit dem Weinbauinstitut Freiburg in den Reben und im Keller experimentierte.

Immer wieder schielt man ungläubig zur Preisliste und mag es kaum glauben.

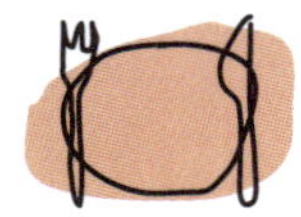

GUTES ESSEN

HOTEL RESTAURANT HIRSCHEN
Hauptstraße 69
79295 Sulzburg

GASTHAUS ZUM REBSTOCK
Lindenstraße 11
79239 Ehrenkirchen-Scherzingen

RESTAURANT HOTEL STORCHEN
Felix und Nabor Straße 2
79189 Bad Krozingen

GASTHAUS ZÄHRINGER HOF
Stohren 1
79244 Münstertal

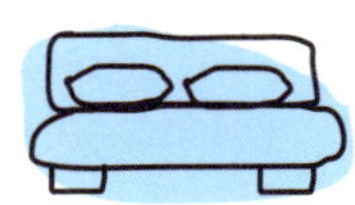

ÜBERNACHTEN

HOTEL DIE HALDE
Halde 2
79254 Oberried

HOTEL KREUZ POST STAUFEN
Hauptstraße 65
79219 Staufen

HOTEL SCHLOSS REINACH
St.-Erentrudis-Straße 12
79112 Munzingen

2014
GUTEDEL KABINETT
TROCKEN
ALTE REBEN
SCHERZINGER BATZENBERG

ALKOHOL 10,5% vol.
SÄURE 5,35 g/l
RESTZUCKER 2,4 g/l

Unser Lieblingswein, der Klassiker aus dem Markgräflerland. Er verwöhnt mit Aromen von Birne, Lindenblüte und Feuerstein. Ein saftiger, langanhaltender Abgang krönt den Genuss.

2014
WEISSER BURGUNDER
SELEKTION „S"
SCHERZINGER BATZENBERG
QUALITÄTSWEIN
TROCKEN

ALKOHOL 12,5% vol.
SÄURE 6,5 g/l
RESTZUCKER 2,9 g/l

Ein Bilderbuchweißburgunder mit feinem Duft nach Zitrus, Melone und Aprikose. Am Gaumen dichter Fruchtkörper ohne jede Schwere. Erfrischend, dennoch hervorragend als Essensbegleiter geeignet.

2014
WEISSER SAUVIGNON KABINETT
TROCKEN
SCHERZINGER BATZENBERG

ALKOHOL 12% vol.
SÄURE 6,3 g/l
RESTZUCKER 2,9 g/l

Duftig fruchtig leicht, dennoch ausdrucksstark und charaktervoll. Weist die typischen Aromen von Stachelbeere und Cassis auf. Erfrischende Säure unterstützt die Eleganz des Weines.

2014
CHARDONNAY KABINETT
TROCKEN
ALTE REBEN
SCHERZINGER BATZENBERG

ALKOHOL 12% vol.
SÄURE 6,8 g/l
RESTZUCKER 2,3 g/l

Durch die 49 Jahre alten Rebbestände erhält der Chardonnay seinen dicht strukturierten und einzigartigen Charakter. Durch den Kalkboden kommen die Aromen Zitrus, Aprikose und grüner Apfel zur Geltung. Der langanhaltende Abgang wird von einer angenehmen Säure getragen.

2014
MUSKATELLER KABINETT
TROCKEN
GEWANN KÄFERBERG
SÜDOSTSTEILLAGE
SCHERZINGER BATZENBERG

ALKOHOL 11% vol.
SÄURE 6,3 g/l
RESTZUCKER 2,3 g/l

Die ausgeprägten blumigen und fruchtigen Aromen von Holunderblüte und Muskatnuss werden von einer geschmeidigen Säureader unterstützt. Der Abgang ist langanhaltend und spiegelt die Eleganz des Weines wider.

2013
BLAUER SPÄTBURGUNDER
SELEKTION „S"
TROCKEN
SCHERZINGER BATZENBERG

ALKOHOL 13,5% vol.
SÄURE 5,9 g/l
RESTZUCKER 2,4 g/l

Dunkle, klare Frucht und jugendlicher Ungestüm. Klassische Gärung auf der Maische. Anschließende Lagerung im neuen Barrique-Fass. Ein Wein mit Charakter. Weist Aromen von dunkler Kirsche, Veilchen, Schokolade und Zigarre auf. Die Säure harmoniert elegant mit der Tanninstruktur.

MATTHIAS HÖFFLIN

UNSERE PHILOSOPHIE

Wir erzeugen puristische Weine: natürlich schön, spontan vergoren, trocken und immer mehr unfiltriert, mit viel Liebe und jahrzehntelanger Bio-Erfahrung an- und ausgebaut.

Weingut Höfflin

Matthias Höfflin, gehört mit 4 Eichelmann-Sternen seit 2015 zu den hervorragenden Erzeugern Deutschlands. Wer ihm vor zehn Jahren vorausgesagt hätte, dass er mal mit seinen Bioweinen zur Weinelite Deutschlands zählen würde, den hätte der sympathische Überzeugungstäter und Pionier in Sachen biologischer Weinbau herzlich ausgelacht. Heute spürt man die tiefe Befriedigung, eine entspannte Freude und den erneuten Motivationsschub, den diese Auszeichnung des renommierten Weinführers in Höfflin ausgelöst hat. „Jetzt kann ich noch befreiter die Weine so machen, wie ich es will, und finde immer mehr Liebhaber dafür."

7

INHABER
Matthias Höfflin

ADRESSE
Schambachhof
79268 Bötzingen
Telefon 07663 1474
info@weingut-hoefflin.de
www.weingut-höfflin.de

ÖFFNUNGSZEITEN
Montag, Dienstag, Mittwoch
8.30–12 Uhr
Donnerstag und Freitag
14–17 Uhr
Samstag 10–16 Uhr oder
nach telefonischer Vereinbarung.

Im Januar ist der Verkauf am
Samstag geschlossen.

Hofwochenende im November

GAULT MILLAU

★★★★
EICHELMANN

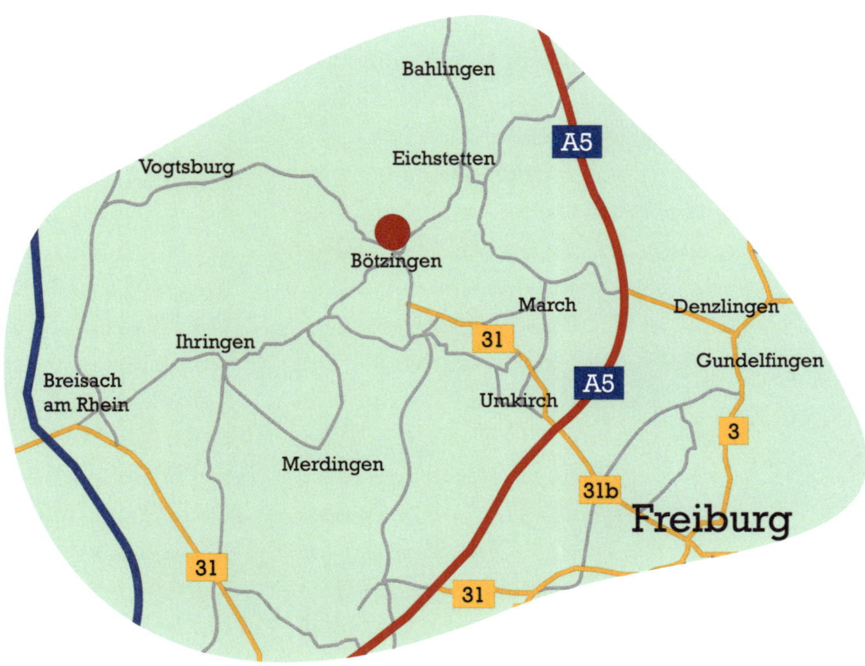

„Neuesten Erkenntnissen zufolge prägt nicht der Boden an sich die Mineralität des Weins, sondern die Mikroorganismen, die sich auf dem jeweiligen Bodentyp ansiedeln."

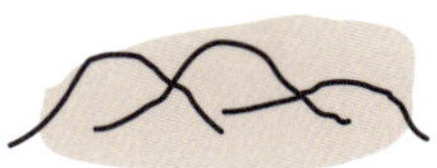

LAGEN
Wächtelberg
Laire
Meisental
Endhahle
Schambach
Breitenacker
Biegarten

REBFLÄCHE
12 Hektar

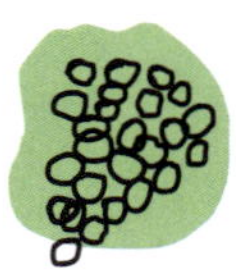

REBSORTEN
Spätburgunder,
Grauer und Weißer Burgunder
Chardonnay
Auxerrois
Gewürztraminer
Muskateller
Müller-Thurgau
Sauvignon Blanc
Souvignier Gris
Regent
Johanniter
Merlot
Cabernet Sauvignon

JAHRESPRODUKTION
70.000 Flaschen

Seit 2010 baue ich meine Weine in Spontanvergärung aus, das ist für mich die logische Konsequenz des biologischen Weinbaus. Meine Weine werden tiefgründiger, eigenwilliger, mineralischer, vielschichtiger und bekommen eine höhere Lagerfähigkeit", begeistert sich Höfflin.

„Die Hefe, die Mutter des Weins, ist für die alkoholische Gärung zuständig. Darüber hinaus hat sie eine ganz entscheidende Funktion beim anschließenden Hefelager. Sie ermöglicht dem Wein, all die Stoffe auszubilden, die für ein vielschichtiges Geschmackserlebnis sorgen. Und dieses bleibt beim unfiltrierten Flaschenabzug voll und ganz erhalten. Darüber hinaus sorgt ein gutes Bodenleben für eine hohe Mineralität im Wein. Neuesten Erkenntnissen zufolge prägt nicht der Boden an sich die Mineralität des Weins, sondern die Mikroorganismen, die sich auf dem jeweiligen Bodentyp ansiedeln. Je lebendiger der Boden, desto mineralischer der Wein."

Aufgrund der Klimaerwärmung wird auch bei Höfflin früher und schneller die Ernte gelesen. Längere Maischestandzeiten bei den Weißweinen erhöhen deren Textur und bieten den weinbergseigenen Hefen notwendige Nahrung für die spätere Spontanvergärung. Die Rotweine durchlaufen eine 12- bis 18-tägige Maischegärung, bevor sie gepresst werden.

„Das Durchmischen von Beeren und Saft bei den Prestige-Qualitäten, der höchsten Qualitätsstufe meines Sortiments, machen wir schonend von Hand und begreifen so ‚hautnah', in welchem Stadium der Gärung sich der Wein befindet", erzählt Höfflin.

Die Rotweine reifen dann in großen Holz- oder in Barriquefässern. Für die Dauer des Hefelagers kann der Winzer keine Regeln nennen. Hier entscheiden Erfahrung und Bauchgefühl über den Stil des Weines. Je länger ein Wein dem Schutz der Hefe unterliegt, desto geringer ist der Schwefelbedarf. Höfflins Weine sind nur sehr gering geschwefelt, auch dies trägt natürlich zur Bekömmlichkeit bei. Bei den gefilterten Weißweinen sind Behandlungsstoffe zur Klärung tabu.

Mit Vehemenz arbeitet Höfflin gegen die immer geschliffeneren, immer runderen und immer vordergründig fruchtigeren Weine des Massengeschmacks. „Wir brauchen klare Profile. Wir müssen das Terroir zum Ausdruck bringen. Wir brauchen die individuelle Handschrift der Winzer – auch hier im Kaiserstuhl!", positioniert sich Höfflin.

IM WEINBERG

Ein beliebtes Credo des Winzers lautet, der Fußabdruck des Winzers im Weinberg sei der beste Kellermeister. Der Dreiklang aus regionaltypischen Rebsorten, einem gesunden Gleichgewicht der Rebanlagen und einem quicklebendigen Boden mit Mikroorganismen und wichtigen organischen Substanzen bestimmt die Qualität des Weins.

Die reinen Lagen Wächtelberg und Laire garantieren fruchtige, schlanke und frische Weine.

HOFFLIN
WEINGUT
BIOLAND BETRIEB

Weinverkauf:
Danke

Höfflins Weine sind nur sehr gering geschwefelt, dies trägt natürlich zur Bekömmlichkeit bei.

Leichte Lehmanteile haben die Lagen Schambach, Breitenacker und Biegarten, hier stehen Tiefe und Ausgewogenheit der Weine im Vordergrund.

Ausschließlich Prestigeweine werden in den Löss-Vulkangesteinlagen Meisental und Endhahle ausgebaut. Die bestechen durch Eleganz, Dichte, Kraft und Lagerfähigkeit.

WEINSORTIMENT

- Aus dem Sortiment der weißen Einstiegsweine müssen der dynamische, knackige *2015 Muskateller Löss/Lehm, Spontan* der schon ausverkaufte *2014 Souvignier Gris Löss Spontan* und der kräftige, runde *2014 Weißer Burgunder Löss/Lehm Spontan* erwähnt werden.
- Noch stoffiger, voller und doch elegant und frisch präsentiert sich der *2014 Weißer Burgunder Prestige Spontan Unfiltriert Wächtelberg*.
- Auch unfiltriert abgefüllt wird der *2014 Grauer Burgunder Prestige Spontan Fumé Endhahle* mit großer Würze, reifen Früchten und kraftvoller Struktur.
- Stolz ist Höfflin auch auf seinen *2014 Chardonnay Prestige Spontan Unfiltriert Laire* mit intensiver, reintöniger Frucht und kraftvoller Substanz, bei aller Jugendlichkeit.
- Besonderes Lob verdient der *2015 Rosé Qualitätswein trocken* ein ganz herrlich spritzig-fruchtiger Begleiter für den kommenden Sommer.
- Auch der rote Einstiegswein *2013 Spätburgunder Löss/Lehm Spontan trocken* ist ein mehr als würdiger Vertreter seiner Art.
- Der *2010 Spätburgunder Prestige Spontan Schambach* mit rauchigen Aromen und prächtig zupackender Frische, der *2011 Spätburgunder Prestige Spontan Barrique Breitenacker* mit konzentrierter Frucht und kraftvoller Struktur und der *2010 Spätburgunder Prestige Spontan Biegarten* mit intensiven Früchten und hervorragend reintöniger Eleganz sind die Aushängeschilder des Hauses.

SONST NOCH

Alle Rotweine sind ausdrücklich lagerungsfähig und werden an Qualität in der Flaschenreife noch zulegen.

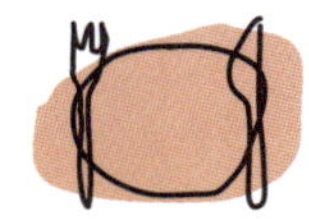

GUTES ESSEN

HOTEL PFAUEN VILLA THAI RESTAURANT
Hugstetter Straße 2
79224 Umkirch

GASTHAUS KRONE
Mußbach 6
79348 Freiamt

HOTEL-RESTAURANT PETERLE
Schuppenhörnlestraße 18
79868 Feldberg-Falkau

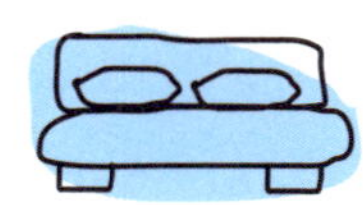

ÜBERNACHTEN

LANDHOTEL-RESTAURANT ZUR KRONE
Hauptstraße 57
79288 Gottenheim

2013
HOFCUVÉE SEKT
BRUT NATURE

ALKOHOL 12,0%
SÄURE 5,1 g/l
RESTZUCKER 1,1 g/l

In traditioneller Flaschengärung hergestellter Jahrgangssekt. 18 Monate Hefelager, von Hand abgerüttelt und ohne Dosage degorgiert. Das feinfruchtige Bukett verdankt der Sekt der selten gewordenen Traubensorte Scheurebe. Die Basis bilden Müller-Thurgau sowie Weißer und Grauer Burgunder. Lebendiges Mousseux.

2015
GRAUER BURGUNDER KABINETT
LÖSS/LEHM SPONTAN
TROCKEN

ALKOHOL 13,0%
SÄURE 6,8 g/l
RESTZUCKER 1,5 g/l

Mineralischer Wein, den Kraft und Tiefe auszeichnen. Trinkgenuss aus dem großen Glas: mit Luft entfaltet der Wein sein facettenreiches Bukett.

2014
SAUVIGNON BLANC PRESTIGE
SPONTAN FUMÉ
MEISENTAL
SÜDBADISCHER LANDWEIN
TROCKEN
UNFILTRIERT

ALKOHOL 13,5%
SÄURE 6,8 g/l
RESTZUCKER 1,2 g/l

Aparter, mineralischer Sauvignon blanc, im Holzfass ausgebaut. Dichtes Bukett mit Aromen von gelben Früchten. Ein Langstreckenläufer. Trinkgenuss aus dem großen Glas: mit Luft entfaltet der Wein sein facettenreiches Bukett.

2014
GRAUER BURGUNDER PRESTIGE
SPONTAN FUMÉ
ENDHAHLE
SÜDBADISCHER LANDWEIN
TROCKEN
UNFILTRIERT

ALKOHOL 13,5%
SÄURE 5,4 g/l
RESTZUCKER 1,1 g/l

Gewachsen auf Löss und Vulkangestein, im Holzfass ausgebaut. Kraftvoll, mineralisch, wild. Trinkgenuss aus dem großen Glas: mit Luft entfaltet der Wein sein facettenreiches Bukett.

2010
SPÄTBURGUNDER PRESTIGE
SPONTAN SCHAMBACH Q.B.A.
TROCKEN
UNFILTRIERT

ALKOHOL 12,5%
SÄURE 5,0 g/l
RESTZUCKER 1,0 g/l

Im kleinen Holzfass ausgebaut. Finessereiche, dunkle Beerenaromatik, die charakteristisch ist für den kühlen Jahrgang 2010. Ausgewogene Gerbstoffstruktur. Dieser Wein hat Lagerpotenzial.

2010
SPÄTBURGUNDER PRESTIGE
SPONTAN BIEGARTEN Q.B.A.
TROCKEN
UNFILTRIERT

ALKOHOL 13,0%
SÄURE 4,6 g/l
RESTZUCKER 1,1 g/l

Im Barrique ausgebaut. Unsere Königsklasse: seidig und dicht mit ansprechender dunkler Beerenaromatik. Sehr langes Lagerpotenzial.

UNSERE PHILOSOPHIE

„Unsere Weine sind Ausdruck von Tradition, Handwerk und Herzblut.“

Bernhard Huber 2011

JULIAN HUBER

Weingut Bernhard Huber

Als am 11.06.2014 Bernhard Huber viel zu früh verstarb, war das ein bis heute noch nicht ganz verkrafteter Schock für alle Weinliebhaber.

Umso mehr gilt es, vor seiner Frau Barbara und dem gemeinsamen Sohn Julian den Hut zu ziehen. Mit unermüdlichem Einsatz, Mut und Entschlossenheit haben Barbara Huber und das gesamte Team des Weinguts die Philosophie und Arbeit des schon zu Lebzeiten zur Legende gewordenen Spätburgunder-Visionärs fortgesetzt. So wurde der Weg für Julian Huber geebnet, der nun die Verantwortung im Spitzenweingut Bernhard Huber übernommen hat und eigene Akzente setzt.

8

INHABERIN
Barbara Huber

ADRESSE
Heimbacher Weg 19
79364 Malterdingen
Telefon 07644 929 7220
info@weingut-huber.com
www.weingut-huber.com

ÖFFNUNGSZEITEN
Montag–Freitag 14–18 Uhr
Samstag 10–12 Uhr

GAULT MILLAU

★★★★★
EICHELMANN

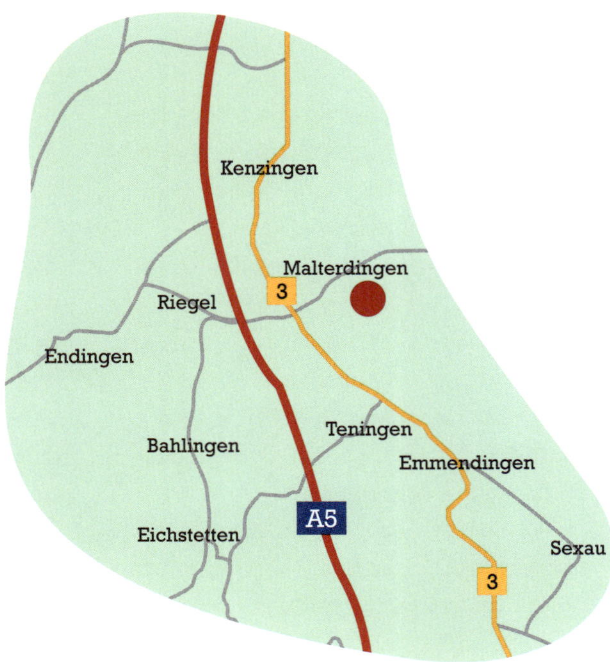

Die burgundische Stilistik, die Bernhard Huber durch harte Arbeit in Malterdingen verwirklicht hat, ist auch das Steckenpferd des Sohnes.

LAGEN
Hecklinger Schlossberg
Malterdinger Bienenberg
Bombacher Sommerhalde
Wildenstein

REBFLÄCHE
28 Hektar

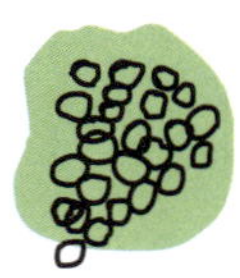

REBSORTEN
Spätburgunder
Weißer und Grauer Burgunder
Chardonnay
Auxerrois
Muskateller
Müller-Thurgau

JAHRESPRODUKTION
170.000 Flaschen

„Bei aller Trauer war es natürlich ein Geschenk, dass ich mit meinem Vater zusammen alle Prozesse zwei Jahre lang sehr intensiv begleiten konnte. Er hat mir viel gezeigt und mich an die Betriebsführung herangeführt", erzählt der entspannte 26-Jährige, der immer wieder das ausgezeichnete Betriebsklima und die hervorragende Gemeinschaft der Mitarbeiter lobt.

„Die Philosophie der Spätburgunder setzten wir fort. Die Weine sollen auf der Zunge tanzen, sollen Kraft und eine vielschichtige Verspieltheit auf dem Gaumen ausdrücken, Eleganz, Finesse, Komplexität und Frische widerspiegeln. Bei den Weißweinen werden wir etwas eleganter werden", erklärt Julian Huber.

Während seiner Ausbildung zum Winzer konnte er nicht nur ein Jahr lang Erfahrungen in Burgund sammeln, sondern seine Begeisterung für Spätburgunder und besonders Chardonnay weiter vertiefen.

Für Barbara Huber war früh klar, dass Julian das gleiche Qualitätsstreben und Fingerspitzengefühl für die Reben und die Weine besitzt wie sein Vater.

Seit 2014 tragen die Weine die Handschrift des Nachfolgers, der gerade seine Ausbildung in Geisenheim zu Ende führt.

Die burgundische Stilistik, die Bernhard Huber durch harte Arbeit in Malterdingen verwirklicht hat, ist auch das Steckenpferd des Sohnes.

Vor über 700 Jahren brachten Zisterziensermönche den Spätburgunder nach Malterdingen. Der Gutshof der Mönche, „curia" genannt, befand sich im Gewann Mönchhofmatten, dort, wo heute das Weingut Huber liegt. Die Mönche trafen in Malterdingen auf das gleiche Terroir wie in Burgund, den „Muschelkalkverwitterungsboden". Und sie brachten die hohe Schule des Weines mit. In Rebsortenbüchern und diversen Weinlexika findet sich für den Spätburgunder als Synonym die Bezeichnung „Pinot-Noir" und „Malterdinger".

IM WEINBERG

„Dichte, Komplexität, Nuancenreichtum und Eleganz sind die Attribute, die wir mit unseren Spätburgundern verbinden. Hinzu kommt das sorgfältige Herausarbeiten der Lagentypizität", erklärt Huber.

Die VDP.GROSSES-GEWÄCHS Lagen, der Malterdinger Bienenberg, geprägt von gelblichen verwitterten Muschelkalkböden und zum Teil bestockt mit über 60-jährigen Rebstöcken, die Bombacher Sommerhalde, tiefgründiger, leicht rötlicher Muschelkalkverwitterungsboden, der Hecklinger Schlossberg mit seiner steinigen, vom hellen, verwitterten Muschelkalk geprägten steilen Südlage – ihn nannte Bernhard Huber immer den Weinberg mit Moselfeeling – und die kleine Parzelle im Bienenberg, der Wildenstein, charakterisiert vom gelb-rötlichen, eisenhaltigen, verwitterten Muschelkalk im Steinbruch, stehen für die Toperzeugnisse des Weinguts.

In Rebsortenbüchern und diversen Weinlexika findet sich für den Spätburgunder als Synonym die Bezeichnung „Pinot-Noir" und „Malterdinger".

WEINSORTIMENT

Neben den Lagenspätburgundern zeigen Hubers rote Guts- und Ortsspätburgunder schon das Fingerspitzengefühl des Hauses. Der Spätburgunder gehört zu den besten Einstiegsrotweinen Badens und beeindruckt mit wunderbarer Frucht und herrlicher, schlanker Säure.

• Auch der *2013 Malterdinger Spätburgunder* aus 12–20-jährigen Anlagen ist ein Pinot-typischer, feinfruchtiger und eleganter Botschafter des Hauses, die Magnumflaschen steigern die Freude am Verkosten nochmals.

• Feine Mineralität und dunkle Beeren- und Kirscharomen definieren den kraftvollen und konzentriert mundenden *2013 Spätburgunder Alte Reben*, aus 20–40-jährigen Anlagen.

• Bei den Einstiegs-Weißweinen muss neben *Müller Thurgau, Grau- und Weißburgunder* der *Chardonnay* erwähnt werden. Frische, klare Struktur, Gewürzaromen, die nicht aufdringlich sind und exotische Früchte stechen hervor.

• Ab November 2016 wird das Weißweinsortiment um einen Lagenchardonnay aus dem Malterdinger Bienenberg erweitert werden, den *2014 Bienenberg Chardonnay GG*. Das Pendant *2014 Bienenberg Weißer Burgunder GG* zeigt viel Würze und Charakter, der *2014 Bienenberg Grauer Burgunder GG* mit Kraft und viel Struktur ist ebenso ein Genuss!

• Jung präsentiert sich der *2013 Bienenberg GG Spätburgunder*, als ein frischer, hoch komplexer Rotwein mit feinen Raucharomen, elegant und nachhaltig im Abgang.

• Auch der *2013 Sommerhalde Spätburgunder GG* ist mit seinen würzigen Toastnoten und seiner wunderbaren dunkelbeerigen Frucht eine burgundische Wucht.

• Der *2013 Schloßberg Spätburgunder GG* vom hellen, gelblichen Muschelkalkboden erfreut mit kühler feiner Struktur, saftigen Fruchtnoten und intensiver Mineralik.

• Auf den *2014 Wildenstein Spätburgunder GG* kann man sich schon freuen. Dieser Wein wird wieder eine ganz besondere Klasse für sich sein, dazu bedarf es keines Prophetentums.

Schön, wenn man den Weinen Zeit zum Reifen auf der Flasche gibt, so können sie ihre ganze Vielfalt und ihr Alterungspotenzial zeigen. Manchmal hat man auch Glück und kann die eine oder andere Rarität vom Weingut direkt beziehen.

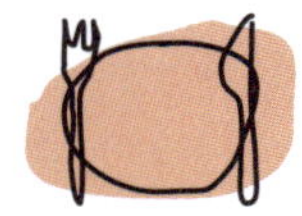

GUTES ESSEN

SCHEIDELS KRANZ
Offenburger Straße 18
79341 Kenzingen

REBSTOCK STUBE
Hauptstraße 74
79211 Denzlingen

DREXLERS RESTAURANT
Rosastraße 9
79098 Freiburg

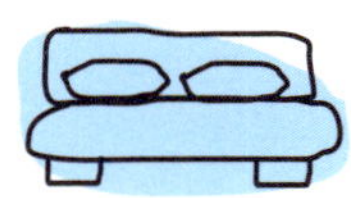

ÜBERNACHTEN

HOTEL DE CHARME
Gartenstraße 21
79364 Malterdingen

2010
BLANC DE BLANCS
BRUT NATURE

ALKOHOL 13,0% vol.
SÄURE 5,9 g/l
RESTZUCKER 1,9 g/l

Sehr cremig, mit einer lang anhaltenden, feinen Perlage und elegantem Körper. Im Duft und am Gaumen sehr vielfältig, mit dezenter Frucht und feinen Noten.

2013
MALTERDINGER
SPÄTBURGUNDER QBA
TROCKEN

ALKOHOL 13,0% vol.
SÄURE 5,9 g/l
RESTZUCKER 1,9 g/l

Im Glas kräftiges Rubinrot; in der Nase sehr präsente Frucht; am Gaumen reife Kirschen und Röstaromen; warmer Nachhall. Gute Zukunft für 6–9 Jahre.

2013
SPÄTBURGUNDER QBA
TROCKEN
ALTE REBEN

ALKOHOL 13,0% vol.
SÄURE 5,9 g/l
RESTZUCKER 1,4 g/l

Vielschichtige und tiefe Duftaromen, Schokolade, präsente, zugleich geschmeidige Tannine, verspielt-eleganter Charakter, feinherber Nachhall.

2013
BIENENBERG
SPÄTBURGUNDER GG QBA
TROCKEN

ALKOHOL 13,0% vol.
SÄURE 6,0 g/l
RESTZUCKER 1,0 g/l

Geschmacklich geprägt von roten Früchten mit Anklängen von Veilchen. Ausgestattet mit Kraft und Eleganz, braucht dieser Wein Zeit, um sein Potenzial zu zeigen.

2014
WEISSER BURGUNDER QBA
TROCKEN

ALKOHOL 13,0% vol.
SÄURE 6,0 g/l
RESTZUCKER 2,0 g/l

Im französischen Eichenholzfass vinifiziert, verleiht Tiefe und Nachhall. Mineralischer Geschmack, mit elegantem Körper und einem vielschichtigem Säurespiel.

2013
CHARDONNAY QBA
TROCKEN

ALKOHOL 13,5% vol
SÄURE 6,5 g/l
RESTZUCKER 0 g/l

Tiefe, Eleganz und verspielte Frucht, von einer dezent-eleganten Säure unterstrichen.

KARL HEINZ JOHNER

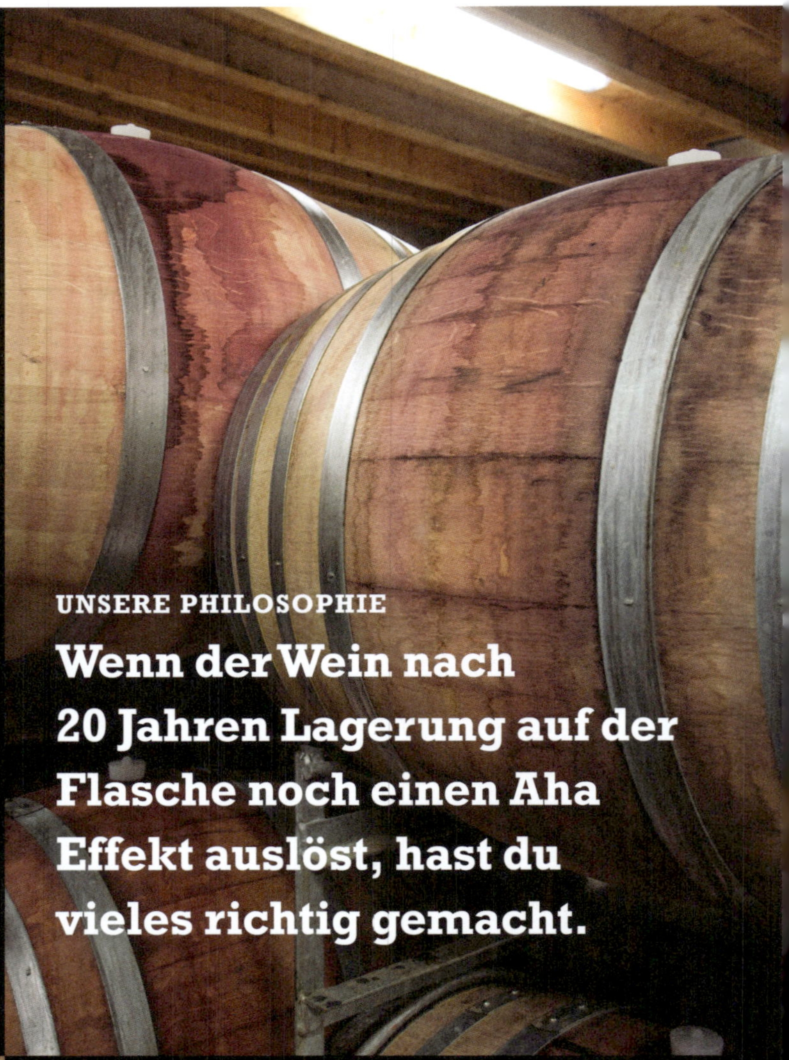

UNSERE PHILOSOPHIE

Wenn der Wein nach 20 Jahren Lagerung auf der Flasche noch einen Aha Effekt auslöst, hast du vieles richtig gemacht.

PATRICK JOHNER

Weingut Karl H. Johner

„Wir waren und sind immer innovativ tätig, wir hatten ja keine Historie“, erzählt ein bestens aufgelegter Kaiserstühler Winzer, der immer seine ganz eigenen Wege ging und sich nie lange mit Konventionen beschäftigte. „Die mineralischen Böden des Kaiserstuhls haben viel gemeinsam mit dem Terroir des Burgund. Dessen Pinot Noir Weine sind weltbekannt für ihre vielschichtige Eleganz und Kraft, die badischen Rotweine waren das vor 40 Jahren nicht. Ich wollte hier einen burgundischen Wein ausbauen, habe auch nicht geguckt, was die Nachbarn machen, die kannte ich ja gar nicht!“

9

INHABER
Karl Heinz und Patrick Johner

ADRESSE
Gartenstraße 20
79235 Vogtsburg-Bischoffingen
Telefon 07662 6041
info@johner.de
www.johner.de

VERKOSTUNG UND VERKAUF
Sinnweg 12
79235 Vogtsburg-Bischoffingen

ÖFFNUNGSZEITEN
Montag–Freitag 14–17 Uhr
Samstag 10–12, 14–16 Uhr
(im Januar und Februar
nur Montag–Freitag)

GAULT MILLAU

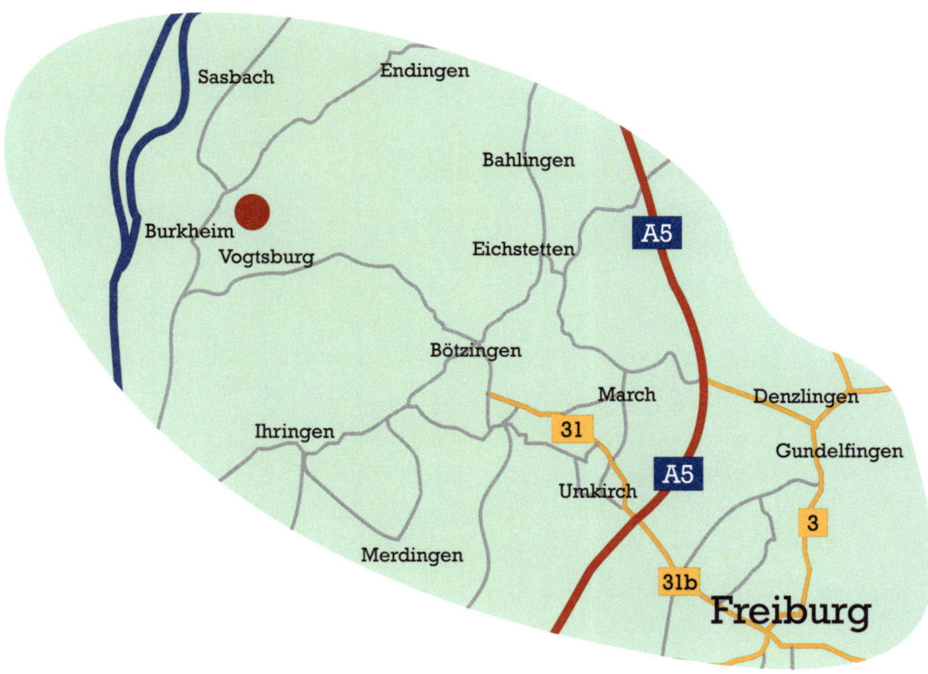

Was als kleiner Garagenbetrieb begann, ist heute eines der bekanntesten Weingüter Deutschlands.

LAGEN
Bischoffinger Steinbuck
Bischoffinger Enselberg
Oberrotweiler Eichberg

REBFLÄCHE
16,5 Hektar

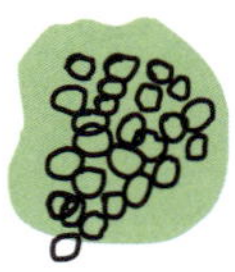

REBSORTEN
Rivaner
Auxerrois
Grauer Burgunder
Weißer Burgunder
Chardonnay
Sauvignon Blanc
Riesling
Gewürztraminer
Blauer Spätburgunder
Merlot
Cabernet Sauvignon
Cabernet Dorsa
Cabernet Dorio
Cabernet Cubin
Cabernet Mitos
36er Dakapo

JAHRESPRODUKTION
80.000 Flaschen

Und so gründete der zuvor im Weinbau in England tätige Karl Heinz Johner mit seiner Frau Irene 1985 ein kleines Weingut in ihrem Heimatort Bischoffingen. Was als kleiner Garagenbetrieb begann, ist heute eines der bekanntesten Weingüter Deutschlands, und die Experimentierfreude der Eigentümer, längst unterstützt von Sohn Patrick, ist ungebrochen.

Der besondere Vulkanverwitterungsboden im Kaiserstuhl ist für Johner das größte Gut, die händische Pflege seiner Rebstöcke, Laubarbeit und Entblätterung sind wichtige Pflichtaufgaben, und die drastische Reduzierung der Ertragsmenge, also ein hoher Anteil an Grüner Lese, ist die Voraussetzung, um Trauben mit höchsten Extraktwerten zu erhalten.

Anfangs kamen alle Rebsorten ins Barriquefass, heute werden Aromasorten wie Rivaner und Sauvignon Blanc im Edelstahl ausgebaut.

Johner setzte sich für die Zulassung der „Subtraktiven Anreicherung", also dem Entzug von Wasser aus dem Traubensaft, ein. Ein Verfahren, welches von unseren südeuropäischen Nachbarn mit viel Erfolg praktiziert wurde. Bis dato wurde in der deutschen Weinwirtschaft nur die „Additive Anreicherung", also die Chaptalisierung durch Hinzugabe von Zucker in den Traubensaft, durchgeführt. Dafür erhielt Johner viel Medienschelte und kurze Zeit später den Rotweinpreis.

Heute lässt er seine Trauben gerne lange am Stock hängen und erntet nur die ganz reifen Trauben. Deshalb muss er manchmal während der Lese dreimal in den gleichen Weinberg.

Johner-typisch hat er, ebenfalls von heftiger Kritik begleitet, den Schraubverschluss „Stelvin-Cap" – mit einer Metallfolie als Innendichtung – für alle seine Weine, auch die hochwertigsten, eingeführt. So langsam gewöhnt sich der Hauptabnehmer seiner ausgezeichneten Weine, die Gastronomie, auch an diese Entscheidung.

IM WEINBERG

Johner macht keinen Biowein, arbeitet aber umweltschonender im Weinberg als es im kontrollierten Anbau üblich ist.

Er sät die gleichen Gräsern, Kleearten und Kohlgewächsen ein, die im Ökobetrieb Standard sind und verzichtet auf Herbizide.

Die selektive Handlese, die enge Überwachung der Gärung und Reifevorgänge sowie der Einsatz modernster Technik bei schonendster Traubenverarbeitung sind Garanten für die hohe Qualität der Johnerschen Weine über die Jahre.

KARL H. JOHNER
Karl H. Johner

Seit 2001 haben sich die Johners mit dem Weingut Johner-Estate ein zweites Standbein in Neuseeland aufgebaut.

WEINSORTIMENT

Johner unterscheidet Qualitätswein und seine Spitzenprodukte mit „SJ" (Selektion Johner). Seine besten Lagen baut er separat aus. Durch den 2004 eingeführten Schraubverschluss reifen seine Weine sehr viel langsamer in der Flasche und so kommen die Spätburgunder vergleichsweise spät in den Handel.

- Im Weißweinbereich ist Johners mineralischer *2014 Sauvignon Blanc* mit eleganter Fruchtsüße und schöner Säure, für viele einer der besten Deutschlands.
- Seine *2014 Cuvée aus Weißer Burgunder & Chardonnay* ist so etwas wie der Signature-Weißwein des Guts geworden, der cremige Schmelz des Chardonnay harmoniert bestens mit den reifen Fruchtaromen des Weißen Burgunder.
- Der Kaiserstühler Klassiker, der *2013 Grauburgunder SJ Bischoffinger Steinbuck* hat schon jetzt wunderbare Birnen-, Apfel- und Vanillearomen mit einem großen Abgang.
- Die Liebe von Karl Heinz und Patrick Johner gilt aber dem Pinot Noir. Der *2011 Blauer Spätburgunder* mit seinem würzigen Aroma aus reifen Kirschen und seinen feinen Tanninen besitzt große Dichte und Kraft und kann noch zwei Jahrzehnte gelagert werden.
- Der *2011 Bischoffinger Steinbuck Pinot Noir* in seinem Anflug von Schwarzwälder-Speckaromen und Düften von reifen Sauerkirschen und Mandeln ist ein spannungsreicher, kräftiger und doch frischer Pinot mit großem Potenzial.
- Für seinen besten Rotwein, den *2011 Blauer Spätburgunder SJ Eichberg*, muss man schon tiefer in die Tasche greifen, wird aber mit einem großen Weinerlebnis belohnt, das dem eines Spitzenweins aus dem Burgund in nichts nachsteht. Schon jetzt ein Gaumenkitzler mit Eleganz und vielschichtigen Aromen und großem Potenzial, so sollte man diesen Pinot einfach mal liegen lassen.
- „Qualität kostet Geld! Wir machen hier keine Literflaschen und doch haben wir eine sehr ausgewogene Preisstruktur im Gesamtsortiment!", erklärt Johner.
- Erwähnenswert ist noch die *2011 Rotwein Cuvée Maximilian* aus Merlot, Spätburgunder, Cabernet Dosa und Cabernet Mitos, Cubin und Dakapo. Schöne Saftigkeit eines vollen Cabernets mit dunklen Beerenaromen und wunderbar eingebundenen Tanninen.

SONST NOCH

Seit 2001 haben sich die Johners ein zweites Standbein in Neuseeland aufgebaut, das Weingut Johner-Estate im Wairarapa-Tal in der Nähe von Wellington. Hier werden auf ganz anderem Terroir und bei anderen Witterungsbedingungen, aber nach schonendsten Johnerschen Weinbreitungsverfahren Neuseeland-typische Pinot Noirs und Sauvignon Blancs ausgebaut.

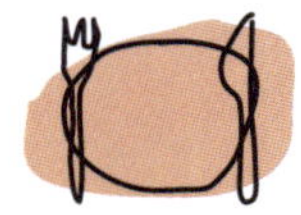

GUTES ESSEN

STEINBUCKSTUBE
Talstraße 2
79235 Vogtsburg-Bischoffingen

KÖPFERS STEINBUCK
Steinbuckstraße 20
79235 Vogtsburg-Bischoffingen

KREUZ-POST
Landstraße 1
79235 Vogtsburg-Burkheim

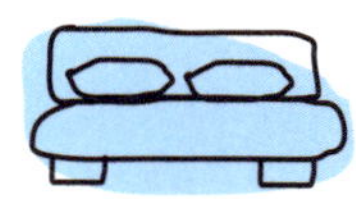

ÜBERNACHTEN

KREUZ-POST
Landstraße 1
79235 Vogtsburg-Burkheim

2014
WEISSER BURGUNDER & CHARDONNAY

ALKOHOL 13% vol.
SÄURE 6,6 g/l
RESTZUCKER 5,2 g/l

Trauben stammen von verschiedenen Weinbergen. Lössböden und Vulkanverwitterungsgestein. Sehr komplexe Aromen voller Gewürze unterlegt mit etwas Quitte, Zitrus, Mirabelle und dem Steingehäuse eines Pfirsichs. Im Gaumen jugendliche Frische und animierende Säure, eingebunden in einer wunderbaren Cremigkeit. Im Nachhall viel Rasse und Mineralik.

2013
GRAUER BURGUNDER SJ

ALKOHOL 13,5% vol.
SÄURE 6,6 g/l
RESTZUCKER 6,4 g/l

Lage: Bischoffinger Steinbuck (über 40 Jahre alt). Die Bodenart ist zu 100% Vulkanverwitterungsgestein. Frisch eingeschenkt Duft nach Birnen. Nach einiger Zeit Duft nach Apfel. Dazu ganz dezente Vanillenoten. Am Gaumen große Fülle. Die Säure ist in die mineralische Salzigkeit sehr schön eingebunden. Nachklingender Abgang mit etwas Zitrus.

2011
ROTWEIN CUVÉE MAXIMILIAN

ALKOHOL 13,5% vol.
SÄURE 5,5 g/l
RESTZUCKER 5,9 g/l

35% Merlot, 26% Spätburgunder, 23% Cabernet Dorsa, und der Rest verteilt sich auf Cabernet Mitos, Cabernet Cubin und Dakapo. In der Nase Duft nach üppig reifen Schwarzkirschen und Brombeeren. Am Gaumen verstärkt sich die Schwarzfrucht und wird unterlegt mit zusätzlich reifen Cassisaromen, ähnlich wie reife Cabernetfrucht. Schöne Saftigkeit mit sehr gut eingebundenen reifen Tanninen sowie einem weichen runden Abgang.

2011
BLAUER SPÄTBURGUNDER

ALKOHOL 14,0% vol.
SÄURE 5,1 g/l
RESTZUCKER 2,9 g/l

Lage bessere Lössboden-Lagen und einfachere Vulkanverwitterungslagen. Dunkles Rubinrot in der Farbe. Im Duft intensive würzige Aromen auf reifen Kirschen unterlegt mit einem Hauch Vanille. Im Geschmack setzt sich die Fruchtaromatik fort, hat eine schöne runde Fülle, gut eingebundene Säure und angenehme Tannine. Kräftiger und runder Wein.

2011
PINOT NOIR STEINBUCK

ALKOHOL 14% vol.
SÄURE 5,2 g/l
RESTZUCKER 2,9 g/l

Grand Cru-Lage Bischoffinger Steinbuck. Im Glas dunkle Aromen. Ein kleiner Anflug von getrocknetem Fleisch, evtl. Schwarzwälder Speck (von den Röstaromen aus dem Barrique). Ansonsten Duft nach reifen Sauerkirschen, kein Cassis und eine dezente Mandelaromatik. Am Gaumen schöne Fülle, wirkt frisch und hat eine enorme Spannung. Die Sauerkirschfrucht setzt sich fort. Der Abgang bietet eine wunderbare aromatische Länge.

2011
BLAUER SPÄTBURGUNDER SJ

ALKOHOL 14,5% vol.
SÄURE 5,1 g/l
RESTZUCKER 2,8 g/l

Lagencuvée aus Blauem Spätburgunder Oberrotweiler Eichberg und Pinot Noir Bischoffinger Steinbuck. Schöne Kirschfrucht unterlegt mit Röstaromen von neuen Barriquefässen. Dezente florale Noten. Am Gaumen kräftig, voll, mit kräftigem, trocknendem Tannin. Ein Wein, den man erst einmal liegen lassen sollte.

UNSERE PHILOSOPHIE

Franz Keller Schwarzer Adler steht für durchgegorene Weine, die das außergewöhnliche Terroir des Kaiserstuhls perfekt widerspiegeln. Wie einst sein Vater, so ist auch Fritz Keller in Sachen Wein immer einen Schritt weiter und ist – manchmal auch entgegen des vermeintlichen „Mainstreams“ – ein kompromissloser Streiter für den Qualitätsweinbau. Handwerklich hervorragend gemachte, kulturbeseelte, herkunftsgeprägte Weine, Weine, die echt sind und pure Lebensfreude vermitteln, sind ihm Anspruch, Freude und Verpflichtung zugleich.

Weingut Franz Keller

Wie viele Stunden hat denn der Tag für Fritz Keller? 48? Das fragen sich die Tester des Weinführers Eichelmann Jahr für Jahr besorgt. Zu Recht, denn der Winzer, Gastronom, Hotelier und Weinhändler ist ja so ganz nebenbei auch noch Präsident des SC Freiburg und verwirklicht gerade den Traum eines neuen Stadions in Freiburg. Entgegen mancher Befürchtungen hat sich das neue Weingut Franz Keller in Oberbergen nur positiv auf die ohnehin schon hohe Qualität der Keller-Weine ausgewirkt, die Sortentiefe und Typizität des Sortiments konnte, dank neuer Kellereitechnik, eindrucksvoll weiter gesteigert werden. Das hat Fritz Keller bei Eichelmann die Note „Weltklasse“ und fünf Sterne eingebracht.

10

INHABER
Fritz Keller

ADRESSE
Badbergstrasse 44
79235 Vogtsburg-Oberbergen
Telefon 07662 933 00
keller@franz-keller.de
www.franz-keller.de

ÖFFNUNGSZEITEN
Montag–Freitag von 9–18 Uhr
Samstag 10–18 Uhr
Sonntag 10–16 Uhr

GAULT MILLAU

★★★★★
EICHELMANN

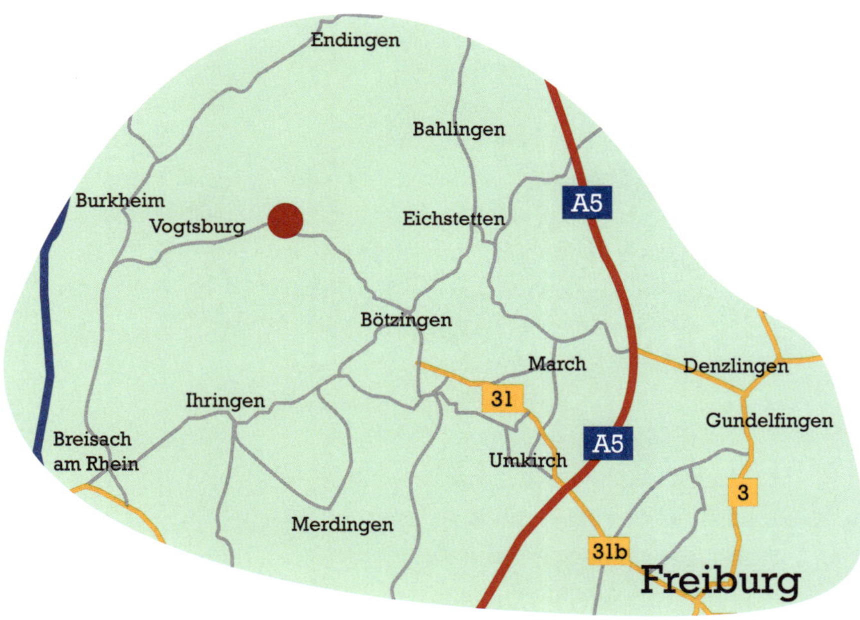

Bodentypizität heißt bei Keller, dass seine Spitzenweine wieder die alten Gewannnamen auf dem Etikett tragen.

LAGE
Oberbergener Bassgeige
(Kähner und Leh)
Oberbergener Pulverbuck
Achkarrer Schlossberg
Oberrotweiler Eichberg
Oberrotweiler Kirchberg
Jechtinger Enselberg

REBFLÄCHE
32 Hektar

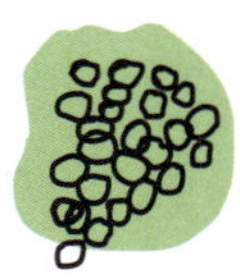

REBSORTEN
Grauburgunder
Weißburgunder
Chardonnay
Riesling
Silvaner
Spätburgunder
Gewürztraminer

JAHRESPRODUKTION
180.000 Flaschen

Vater Franz Keller war der König der trockenen, durchgegorenen Weine in Deutschland, und nicht minder visionär und meinungsstark ist sein Sohn Fritz. „Zurück zu den Wurzeln“ ist sein Motto. Umstellung von Klonen-Pflanzgut auf nicht geklonte Reben, Anwendung der Selection Massal, das heißt: Während geklontes Pflanzgut durch die Vermehrung einer einzigen Rebe entsteht und daher alle Pflanzen genetisch identisch sind, wird bei der Selection Massal auf genetische Vielfalt gesetzt.

Die Rebstöcke mit negativen Eigenschaften werden ausgesondert und eine Vielzahl „guter“ Rebstöcke wird vermehrt. So erzeugt man wieder genetisch vielfältigere und interessantere Kulturen. Das Schielen auf hohe Erträge und hohe Öchslegrade war für Keller noch nie wichtig und er wünscht sich, noch mehr Kollegen würden ihm folgen.

Bodentypizität heißt bei Keller, dass seine Spitzenweine wieder die alten Gewannnamen auf dem Etikett tragen. Darüber hinaus hat er sich in den letzten Jahren konsequent um den Erwerb kleiner Terrassen an Steilhängen und in Hochlagen am Kaiserstuhl gekümmert. Diese können oft nur in aufwendiger Handarbeit bewirtschaftet werden, beheimaten aber meist hochwertige, oft sehr alte Reben und sollten seiner Meinung nach auch als Kulturgut erhalten werden.

Mit dem neuen Weingut hat Keller auch die Möglichkeit, zum optimalen Zeitpunkt seine Trauben zu lesen. Dadurch kann er bestmögliche Voraussetzungen für den individuellen Ausbau jeder Traubensorte schaffen und damit kompromisslos sowie konsequent auf Qualität setzen.

IM WEINBERG

„Wir machen einen umweltgerechten, schonenden Weinbau mit organischer Düngung und Begrünung der Reben, ganz nach dem Bedarf des jeweiligen Weinbergs“, erklärt Keller. „Dazu kommt natürlich die Ertragsreduzierung durch Ausdünnen, Grünlese und, bei den Spitzenprodukten, auch durch Traubenteilung. Nur Trauben von optimaler Reife und ausgezeichneter Qualität können später im Wein ihren sorten- und terroir-typischen Geschmack entwickeln.“

Die Kaiserstühler Vulkanverwitterungsböden mit ihren teilweise bis zu 30 Meter hohen, kalkhaltigen Löss-Lehmauflagen bieten dafür die optimalen Voraussetzungen.

Die Keller’schen Lagen sind Bassgeige, Bassgeige – Kähner, Bassgeige – Schäfacker, Bassgeige – Leh, Pulverbuck (jeweils Oberbergen), Schlossberg (Achkarren), Eichberg und Kirchberg (Oberrotweil).

Die Kaiserstühler Vulkanverwitterungsböden mit ihren teilweise bis zu 30 Meter hohen, kalkhaltigen Löss-Lehmauflagen bieten optimale Voraussetzungen.

WEINSORTIMENT

Beim Thema Grauburgunder kommt Fritz Keller so richtig in Fahrt. „Der Grauburgunder ist doch der Kaiserstühler Wein schlechthin, diese tolle Traubensorte ist in der Gastronomie so wunderbar einsetzbar. Und jetzt wird er – auch bei uns hier – wieder süß. So machen wir diesen eleganten, fein strukturierten, herrlich fruchtbetonten Botschafter unserer Region durch zu hohe Restzucker- und zu hohe Alkoholanteile wieder kaputt. Wer süßen Grauburgunder produziert, soll Ruländer darauf schreiben!“, plädiert Keller leidenschaftlich.

• Neben den ausgezeichneten Winzersekten muss man bei den Einstiegsweinen den *2014 Silvaner Alte Rebe* als idealen, da leichten und herrlich säurebetonten Begleiter von Spargelgerichten erwähnen.

• Die *2014 Weißburgunder-, Grauburgunder- und Chardonnay-Bassgeige* sind preiswerte und hervorragende, weil klare, fein strukturierte und sortentypische Tropfen für den täglichen Genuss.

• Der *2014 Oberbergener Pulverbuck Weißburgunder* gehört für viele zu den schönsten Weißburgundern Deutschlands.

• Besonders wird es dann in der Keller'schen S-Klasse, der *2014 Weißburgunder „S“*, kräftig mit schönem Schmelz und harmonischer Säure, der *2014 Grauburgunder „S“* mit nussigen Holztönen und veritabler Frucht und der *2014 Chardonnay „S“* mit klarer Struktur und präziser Kraft.

• Die *2014 Grauburgunder GG „Kähner“* mit fordernder Komplexität und langem Nachhall und der *„Schlossberg“* mit feiner frischer Säure und herrlichen Fruchtaromen sind großes Burgunderkino.

• Auch der *2014 Weißburgunder GG „Leh“* ist einfach großartig.

• Vom einfachen, fruchtig-filigranen *2013 Spätburgunder Gutswein* über die etwas intensivere *2013 Oberbergener Bassgeige Spätburgunder* bis hin zum *2014 Franz Anton Spätburgunder* mit feiner Säure und leichten Toast-Noten überzeugen die Pinots des Hauses.

• Sehr elegant und dicht strukturiert dann der *2013 Spätburgunder „S“*, die beiden Flaggschiffe der „A“ Klasse ermöglichen Pinot-Genuss der Spitzenklasse, der *2013 Spätburgunder „A“ Schlossberg* kräftig, wuchtig, mit herrlichen Fruchtnoten und der *2013 Spätburgunder „A“ Eichberg* etwas feiner, hintergründiger mit langem Nachhall.

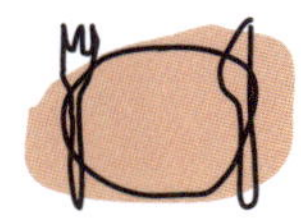

GUTES ESSEN

KELLERWIRTSCHAFT
Badbergstraße 44
79235 Vogtsburg-Oberbergen

SCHWARZER ADLER
Badbergstraße 23
79235 Vogtsburg-Oberbergen

WINZERHAUS REBSTOCK
Badbergstraße 22
79235 Vogtsburg-Oberbergen

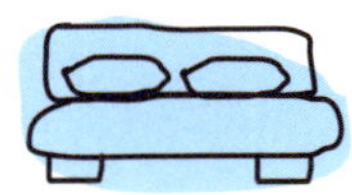

ÜBERNACHTEN

SCHWARZER ADLER
Badbergstraße 23
79235 Vogtsburg-Oberbergen

2012
FRANZ KELLER
CHARDONNAY
SEKT ZERO DOSAGE

ALKOHOL 13,0% vol.
SÄURE 7,0 g/l
RESTZUCKER 2,2 g/l

Durchgegoren, Bodenart Vulkanfelsen. Kräftiger Schmelz, feine Mousseux, Aromen von Golden Delicious, Brotrinde und Marzipan.

2014
SCHLOSSBERG GG
GRAUBURGUNDER
VDP. GROSSE LAGE

ALKOHOL 12,5% vol.
SÄURE 6,6 g/l
RESTZUCKER 1,0 g/l

Durchgegoren, Bodenart Tephrit, Steillage Kessel. Feiner Zitrusduft mit pflanzlich-herbaler Komponente, nussige und leicht altholzige Aromen, feine, lebendige Säure, Eleganz und Mineralik sowie Nuancen von Feuerstein im Abgang.

2014
FRANZ ANTON
WEISSBURGUNDER

ALKOHOL 13,0% vol.
SÄURE 6,5 g/l
RESTZUCKER 1,8 g/l

Durchgegoren, Bodenart Tephrit und Löss aus verschiedenen Höhenlagen des Kaiserstuhls. Aromen von Zitrone, Grapefruit und Mango, dezente Holzprägung, mittellanger, säurebetonter und zugleich spritziger Abgang.

2015
OBERBERGENER BASSGEIGE
GRAUBURGUNDER
VDP.ERSTE LAGE

ALKOHOL 13,5% vol.
SÄURE 6,1 g/l
RESTZUCKER 1,5 g/l

Feine würzige Noten, unterlegt mit reifer Williams-Christ-Birne und Apfel, schmelziges Mundgefühl mit langem cremigen und säurebetonten Abgang. Passt hervorragend zu leichten Vorspeisen und Fischgerichten sowie Geflügel.

2014
FRANZ ANTON
SPÄTBURGUNDER

ALKOHOL 13,0% vol.
SÄURE 5,2 g/l
RESTZUCKER 2,0 g/l

Bodenart Löss und Basalt. Intensive Fruchtnuancen, leichte Säure und gut eingebundene Tannine, Aromen von Kirsche und Gewürznelken, weicher, strukturierter Abgang. Passt zu rotem Fleisch (kurz gebraten), Pasta.

2013
EICHBERG
SPÄTBURGUNDER
VPD.GROSSE LAGE

ALKOHOL 13,5% vol.
SÄURE 5,2 g/l
RESTZUCKER 2,1 g/l

Durchgegoren, Bodenart Tephrit. Erdig-ledrige Aromen, elegante Säurestruktur, kräftige Nuancen nach dunklen Beeren, reife Tannine mit kräftiger Frucht, Aromen von Pfeffer und Paprika, großes Lagerpotential. Passt zu geschmortem oder gebratenem, dunklem Fleisch, würzigen Saucen, Epoisses (Käse).

UNSERE PHILOSOPHIE

Wir möchten Sie für eine Weinkultur begeistern, an der wir täglich mit Liebe und Verantwortung arbeiten. Bei uns degustieren Sie eine Welt, in der sich alles um die Anregung der Sinne, um die Harmonie des Genusses dreht – hier erfahren Sie eine Form der Entspannung, die Ihnen Zeit gibt für sich selbst und für das, was Sie belebt.

THOMAS RINKER

Weingut Knab

Längst sind Thomas und Regina Rinker vom Weingut Knab eine der ersten Adressen für Burgunderweine im Kaiserstuhl.

Der Gault&Millau 2014 schreibt in seinem Einleitungstext über das Weingebiet Baden: „Zum Glück gibt es sie noch, diese wundersame Kombination von feiner Würze, eigenständigem Charakter und Trinkvergnügen. Allen voran seien hier die großartigen Weißburgunder vom Weingut Knab der Familie Rinker erwähnt, die ihr volles Potenzial erst nach einigen Jahren der Flaschenreife zeigen, wie die hervorragenden Jahrgänge 2009, 2007 und 2004 erst kürzlich belegen." Mehr Lob geht eigentlich nicht.

11

INHABER
Regina und Thomas Rinker

ADRESSE
Hennengärtle 1a
79346 Endingen
Telefon 07642 6155
knabweingut@t-online.de
www.knabweingut.de

ÖFFNUNGSZEITEN
Montag bis Freitag 17.00–18.30 Uhr
Samstag 10.00–14.00 Uhr
oder nach telefonischer Vereinbarung

GAULT MILLAU

★★★½

EICHELMANN

Thomas Rinkers Touren mit einem alten Unimog durch die Kaiserstühler Weinberge haben längst Kultstatus.

LAGE
Endingen Engelsberg
Wihlbach Schönenberg
Amoltern Steinhalde

REBFLÄCHE
22 Hektar

REBSORTEN
Weißburgunder
Grauburgunder
Spätburgunder
Chardonnay
Muskateller
Gewürztraminer
Auxerrois

JAHRESPRODUKTION
150.000 Flaschen

Thomas Rinker, ehemaliger Kellermeister und Betriebsleiter, sowie Geschäftsführer einer Winzergenossenschaft, ist sehr stolz auf das, was seine Frau und er seit 1994 im Weingut Knab in Endingen am Kaiserstuhl geschaffen haben.

„Der Weißburgunder wurde ja immer als der kleine Bruder des Grauburgunder betitelt, aber das ist schlicht falsch!“, erklärt der Vollblutwinzer. „Wir setzten konsequent auf Qualität und handwerkliche Tradition und wollen frische, fruchtige, elegante Weine mit verspielter Säure und einem ausgeprägten Abgang heranreifen lassen!“

2014 hat die Familie zwanzigjähriges Jubiläum gefeiert. Sohn Johannes studierte in Geisenheim Weinbau und so ist die Zukunft des Familienbetriebs gesichert. Regina Rinkers kraftvolle Bilder – sie ist freischaffende Künstlerin – schmücken die Degustationsräume, und Thomas Rinkers Touren mit einem alten Unimog durch die Kaiserstühler Weinberge haben längst Kultstatus.

Der Besuch im Weingut Knab ist immer auch ein in sich schlüssigen Gesamterlebnis, man spürt deutlich die Begeisterung und Lebensfreude der Gastgeber.

IM WEINBERG

Der Endinger Engelsberg mit seinen fruchtbaren Löss- und Kalkböden im Osten und einem Gemisch aus Lehm, Löss und Vulkangestein im Westen ist das Revier des Weinguts Knab.

Naturnahe Bearbeitung der Reben, Begrünungsmanagement der Böden und differenzierte Handlese sind Rinker Verpflichtung.

„Natürlich kann man auch auf Lössböden großartige Weine machen“, erzählt Rinker, „mir kommt es aber weniger auf die Lage als auf die Qualität und Eigenschaften der Trauben an.“ So kann ein Grauburgunder auf Vulkangestein viel Körper und feinste Strukturen ausweisen, aber es fehlt an Finesse. Oder: Ein Grauburgunder vom Lössboden ist vollmundig und duftig, hat aber wenig Eleganz. Das bringt Rinker auf sehr beindruckende Weise wieder zusammen, mit seiner temperaturgesteuerten Gärung der Weißweine im Stahltank.

„Die größte Herausforderung für mich war aber der Rotwein“, schmunzelt Rinker. „Karl-Heinz Johners Rotweine waren mein großes Vorbild und Geschmackserlebnis schon in den späten 80er Jahren.“

Führung
räder
VINO

Naturnahe Bearbeitung der Reben, Begrünungs-management der Böden und differenzierte Handlese sind Rinker Verpflichtung.

WEINSORTIMENT

• Ein herrlich frischer *2015 Auxerrois Kabinett trocken* mit milder Säure und zarten Kräuter- und Fruchtaromen, ein großartiger Essensbegleiter zur Spargelzeit, und ein vielschichtiger, kraftvoller, aber auch fruchtiger *2013 Chardonnay Spätlese trocken* sind vielversprechende Einstiege in Rinkers Weißweinwelt.

Aber natürlich stehen die weißen Burgunderweine im Zentrum.

• Der *2015 Endinger Engelsberg Weißer Burgunder Kabinett trocken* ist ein fruchtiger, herber Basiswein mit feiner Säure.

• Die *2015 Spätlese trocken* besticht durch Eleganz und Frische, ist dennoch kraftvoll mit ihren grünen Floral- und Fruchtaromen.

• Der *2014 Weißer Burgunder Spätlese trocken* ist mit seinen 3 Sternen die Nummer-eins dieser Traubensorte. Hochelegant und finessenreich, leicht rauchig mit feinem Schmelz am Gaumen, perfekt eingebundener Säure und einem langen, anhaltenden Abgang ist er ein Lieblingswein der Erzeuger. Dieser Wein hat viel Alterungspotenzial. Das kann man überzeugend selbst nachprüfen, wenn man den *2007 Weißer Burgunder Spätlese*** trocken* mit seiner verspielten Säure und jungen, frischen Aromen degustiert.

• Die drei Qualitätsstufen Kabinett, Spätlese, Spätlese*** vinifiziert Rinker auch beim Grauen Burgunder. Der *2015 Endinger Engelsberg Grauer Burgunder Kabinett trocken* besticht durch feine Apfelaromen und ausbalancierte Säure.

• Der *2 013 Endinger Engelsberg Blauer Spätburgunder trocken* ist im großen Holzfass gereift und beeindruckt mit Delikatesse und Fruchtigkeit.

• Der *2012 Endinger Engelsberg Blauer Spätburgunder trocken* im Barrique gereift, ist ein immer noch jugendlicher, sehr kräftiger, vielschichtiger und fruchtig-samtener Rotwein des Weinguts Knab.

• Das Aushängeschild des Hauses, der *2011 Endinger Engelsberg Blauer Spätburgunder Barrique Reserve R trocken* ist schlicht großartig. Im neuen Eichenbarriquefass ist der Wein über 16 Monate gereift. Durch das Mitvergären von Stielen hat er eine langlebige Tanninstruktur und überzeugt am Gaumen mit intensiven Kirsch- und Röstaromen. Rinker lässt ihn noch zwei Jahre in der Flasche weiter reifen.

• Auch auf den Stielen (Rappen) vergoren, dann 18 Monate in ein- und zweijährigen Barriques gereift ist der unglaublich dichte und strukturierte *2007 Spätburgunder Reserve*** trocken* mit schwarzen Fruchtnoten und großartiger Stoffigkeit und Kraft. Ein Spätburgunder der internationalen Spitzenklasse, der sein volles Potenzial immer noch vor sich hat.

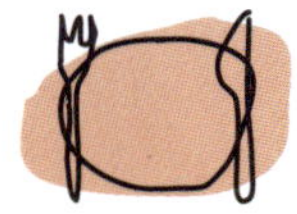

GUTES ESSEN

MERKLES RESTAURANT
Hauptstraße 2
79346 Endingen am Kaiserstuhl

DUTTERS STUBEN
Winterstraße 28
79346 Endingen-Kiechlinsbergen

GASTHOF ZUM KAISERSTUHL
Niederrotweil 4
79235 Vogtsburg-Niederrotweil

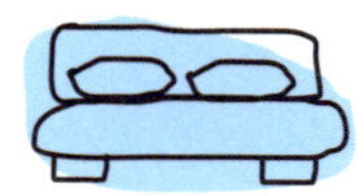

ÜBERNACHTEN

ZOLLHAUS
Hauptstraße 3
79346 Endingen

2011
ENDINGER ENGELSBERG
SPÄTBURGUNDER
TROCKEN
RESERVE „R“

ALKOHOL 13,5% vol.
SÄURE 4,9 g/l
RESTZUCKER 2,6 g/l

Feine Kirsch- und Zwetschgenaromatik, kaffeehaltiges Holz, kräftiger und fester Geschmack, durch Mitvergärung von Stielen langlebige Tanninstruktur.

2014
ENDINGER ENGELSBERG
WEISSER BURGUNDER
SPÄTLESE***
TROCKEN

ALKOHOL 13,5% vol.
SÄURE 7,5 g/l
RESTZUCKER 3,4 g/l

Herbe, klare Frucht, leicht rauchig, feiner Schmelz am Gaumen und mineralische Frische.

2015
ENDINGER ENGELSBERG
WEISSER BURGUNDER KABINETT
TROCKEN

ALKOHOL 13% vol.
SÄURE 6,2 g/l
RESTZUCKER 2,1 g/l

Vegetabile, herbe, frische Frucht, feine Säure und lebendiger Abgang.

2015
ENDINGER ENGELSBERG
GRAUER BURGUNDER SPÄTLESE
TROCKEN

ALKOHOL 14,5% vol.
SÄURE 6,56 g/l
RESTZUCKER 2,6 g/l

Nussiger Duft mit Kernobstaromen, feine leichte Barriqueeinflüsse, geschliffen, gradlinig und nachhaltig im Abgang.

2012
ENDINGER ENGELSBERG
SPÄTBURGUNDER
TROCKEN
BARRIQUE

ALKOHOL 13% vol.
SÄURE 4,7 g/l
RESTZUCKER 1,6 g/l

Klarer und herber Duft nach roten und schwarzen Beeren, im Abgang feine lebendige Säure, Nuss und Schokolade am Gaumen und jugendliches Tannin.

UNSERE PHILOSOPHIE

Feine Kraft und anregende Lebendigkeit vereinigt in einem Wein, das ist das große Ziel unserer Arbeit. Wir wollen den natürlichen Eigenschaften unserer Weinberge nachspüren und diese unverfälscht in die Flasche bekommen. Deshalb produzieren wir als kleines, örtliches Familienweingut Weine in kleiner Auflage, mit hohem handwerklichem Aufwand.

HOLGER KOCH

Weingut Holger Koch

Holger Koch hat so gar nichts mit den meist etwas scheuen, sehr oft liebenswert vor sich hin nuschelnden und leise sprechenden Winzern der alten Garde zu tun. Er formuliert präzise und prägnant, hat ein klares Konzept, setzt auf ökologischen Anbau, auf drei klassische Burgundersorten und konsequent auf Frische, Feinheit, Fruchtigkeit und auf die subtile Kraft seiner lebendig filigranen Weine. „Wir wollen kein Grundbedürfnis befriedigen, wir wollen einen Anspruch definieren, der den Weinliebhabern in Erinnerung bleibt, wir wollen mit unseren Weinen die Geschichte unseres Terroirs erzählen", definiert Koch seine Philosophie.

12

INHABER
Holger Koch und
Gabriele Engesser

ADRESSE
Mannwerkstraße 3
79235 Vogtsburg-Bickensohl
Telefon 07662 912258
hk@weingut-holger-koch.de
www.weingut-holger-koch.de

ÖFFNUNGSZEITEN
Keine festen Öffnungszeiten.
Weinverkauf und Weinproben
nach Vereinbarung.

GAULT MILLAU

★★★½

EICHELMANN

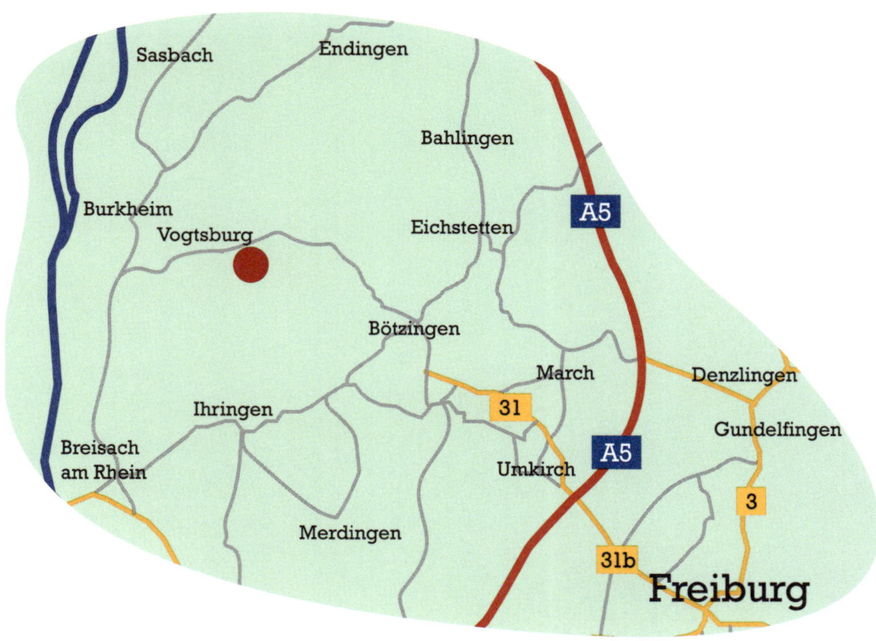

Das Kuriosum schlechthin ist: Der mit 3 ½ Sternen bei Eichelmann und mit 3 roten Trauben im Gault Millau ausgezeichnete Winzer ist hier in Südbaden fast unbekannt.

LAGE
Bickensohl

REBFLÄCHE
7,9 Hektar

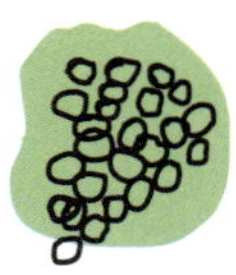

REBSORTEN
Spätburgunder
Weißburgunder
Grauburgunder

JAHRESPRODUKTION
50.000 Flaschen

„Auch meine Einstiegsweine müssen gut sein, und mein Konzept der feinfruchtigen Substanz, der lebendigen Nachhaltigkeit und der Traubigkeit im Abgang widerspiegeln!"

1999 hat der heute 47-Jährige das elterliche Weingut als Genossenschaftsbetrieb übernommen und zum Weingut umgebaut. Koch hat alle seine im In- und Ausland und in Geisenheim gewonnenen Erfahrungen in das neue Weingut einfließen lassen und zog 2008 in einen so stilsicheren wie prägnanten Neubau.

„Ohne die tatkräftige Unterstützung meiner Eltern Hubert und Erna Koch und, vor allem, ohne die meiner Frau Gabriele Engesser wären wir nicht so weit gekommen!", erzählt Koch.

Das Kuriosum schlechthin ist: Der mit 3 ½ Sternen bei Eichelmann und mit 3 roten Trauben im Gault Millau ausgezeichnete Winzer ist hier in Südbaden fast unbekannt. Seine Kollektionen verkauft er in Berlin und in der ganzen Republik, natürlich auch im Ausland, aber nicht hier in der Region.

IM WEINBERG

Seine „Weingärten" liegen in Bickensohl auf 300 bis 380 Meter hohen, oft steilen, kleinterrassigen Lagen mit Lössboden auf Vulkangestein.

Tagsüber gibt es viele warme Sonnenstunden, nachts wird es kühl; diese Temperaturunterschiede sind ideal zur Herausbildung komplexer Aromen.

„Mein Bickensohler Terroir ist bestens geeignet für meine drei Qualitätsstufen, den Kaiserstuhl Burgunder, den Herrenstück Lagenwein und die Selection*** Große Gewächse, sowie für meine drei Burgundersorten: den Weißburgunder, den Grauburgunder und den Spätburgunder/Pinot Noir".

Koch bepflanzte die 7,5 Hektar der elterlichen Weinberge mit Rebsetzlingen alter Burgunderselektionen, die sehr hochwertige, aber ertragsschwache und kleinbeerige Trauben mit außergewöhnlich intensiven Aromen wachsen lassen.

Von Anfang an setzte er auf organische Düngung, auf Begrünungseinsaaten und verzichtete auf Herbizide. Diese Mischung aus intensiver Handarbeit und schonendem Pflanzenschutz ist für Koch das Potenzial seiner Trauben.

IM WEINKELLER

„Qualität kommt vom intensiven und vielfältigen Geschmack der Trauben und nicht vom Mostgewicht. Wir wollen keine marmeladige Opulenz, sondern lebendige, feingliedrige Kraft!"

Diese natürliche Lebendigkeit möchte Koch in die Flasche bekommen.

„Qualität kommt vom intensiven und vielfältigen Geschmack der Trauben und nicht vom Mostgewicht."

Die Trauben werden schonend ohne pumpen verarbeitet, spontan vergoren und bleiben bis zur Abfüllung auf der Weinhefe liegen. Alle Weine sind durchgegoren und trocken und werden wenig bis gar nicht filtriert.

Die weißen Qualitätsweine werden zur Hälfte im Holzfass und zur Hälfte im Edelstahl ausgebaut, die Rotweine und weißen Selectionsweine werden in 300- und 500-L-Holzfässern, bewusst nicht Barrique, ausgebaut.

WEINSORTIMENT

• Der *2014 Weißburgunder Kaiserstuhl* besticht durch frische, grüne Fruchtaromen, eine elegante Säure und einen feinen Abgang. Der gleichalte *Grauburgunder Kaiserstuhl* ist kompakt, gradlinig und doch zurückgenommen, mit einer herben Reinheit gepaart mit frischer Fruchtigkeit. Bei beiden Weinen muss das großartige Preis-Leistungsverhältnis erwähnt werden.

• Der *2014 Weißburgunder Herrenstück*, eine Südhanglage, ist komplett im Holz vergoren und lag 7 ½ Monate auf der Hefe. Er ist etwas weicher, etwas runder, etwas voller als sein kleinerer Bruder und besticht mit Mineralität und komplexer Frucht. Der *Grauburgunder Herrenstück* hat Substanz, Kraft und Mineralität mit großartiger Grapefruit-Zitrus-Frucht und einem gehaltvollen Abgang.

• Der *2014 Weißburgunder*** Großes Gewächs* ist trotz seiner eindrucksvollen Substanz ein unglaublich lebendiger und kraftvoller Wein mit erfrischendem Trinkgenuss.

• Sein großartiges Grauburgunder Pendant, der *2014 Grauburgunder****, überzeugt mit subtil rauchiger Kraft, einer dichten Aromenfülle, saftigem Duft von Apfel und kraftvoll sahnigem Schmelz im Abgang.

• Zu den Flaggschiffen des Hauses Koch gehört der *2014 Herrenstück Pinot Noir* mit seiner herrlich zurückhaltenden Aromatik, klar und feingliedrig. Die kleinen, dickschaligen Beeren, die nach Fruchtsubstanz gelesen werden, bringen schlicht herrliche Sauerkirsch-, Brombeer- und Erdbeeraromen.

• Auch der *2014 Pinot Noir*** Großes Gewächs* gehört zu den besten Burgunderweinen Deutschlands mit seiner würzigen Aromatik, seinen herrlich harmonischen Beeren- und Sauerkirscharomen und einem extrem langen Abgang.

• Den vielleicht besten Rotwein des Hauses kann man nicht mehr bekommen, den *2012 Pinot Noir Reserve*, der einfach fantastisch war. Dieser hochkomplexe, mit vielschichtiger, pfeffriger Frucht ausgestattete Rotwein ist Kochs bisheriges Meisterwerk.

• Natürlich muss man den *2014 Spätburgunder Kaiserstuhl* mit seinen runden Fruchtaromen und klaren, kantigen Strukturen als Einstiegswein in die wunderbare Pinot-Welt des Holger Koch erwähnen.

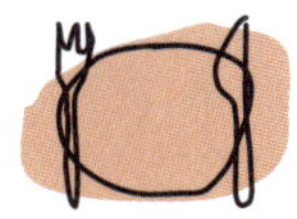

GUTES ESSEN

GASTHAUS ZUM KAISERSTUHL
Niederrotweil 4
79235 Vogtsburg-Niederrotweil

MERKLES REBSTOCK
Hauptstraße 2
79346 Endingen

KÖPFERS STEINBUCK
Steinbuckstraße 20
79235 Vogtsburg-Bischoffingen

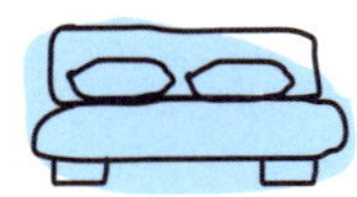

ÜBERNACHTEN

DIE HALDE
Halde 2
79254 Oberried-Hofsgrund

2014
WEISSBURGUNDER
KAISERSTUHL, QBA

ALKOHOL 12,0% vol.
SÄURE 6,0 g/l
RESTZUCKER 2,1 g/l

Unkomplizierter, fruchtiger, erfrischender Wein mit Substanz und Nachhall.

2014
GRAUBURGUNDER
HERRENSTÜCK, QBA

ALKOHOL 12,5% vol.
SÄURE 6,2 g/l
RESTZUCKER 2,6 g/l

Kleinbeerige Trauben aus unseren besten Lagen, nachhaltige Fruchtsubstanz und mineralische Frische. Vielfältiger komplexer Wein, der durch die Substanz der Trauben und den langen und schonenden Ausbau im Fass geprägt ist. Feiner, nachhaltiger Schmelz gepaart mit frischen und lebendigen Aromen, sehr schöne Reifentwicklung.

2014
GRAUBURGUNDER*, QBA**

ALKOHOL 13,0% vol.
SÄURE 6,1 g/l
RESTZUCKER 1,4 g/l

Trauben aus einer einzigen Parzelle – „dem Vogel-Eichbuck", auf ca. 360 Höhenmetern, südsüdöstlich ausgerichtet, lange Sonneneinstrahlung, Löss, darunter Vulkangries, Rebstöcke abstammend von einem alten Weinberg im Elsass. Saftiger Duft von Apfel, kraftvoller sahniger Schmelz. Gleichzeitig erfrischend und anregend zu trinken.

2014
PINOT NOIR
HERRENSTÜCK, QBA

ALKOHOL 12,5% vol.
SÄURE 5,4 g/l
RESTZUCKER 1,8 g/l

Kleinbeerige, sehr aromatische Burgunderreben aus Dijon/Frankreich – Kraft aus kleinen Beeren. Feine Kraft und frische, vielfältige, würzige Aromen – Waldbeeren, Cassis, Sauerkirsch.

2013
PINOT NOIR*, QBA**

ALKOHOL 13,0% vol.
SÄURE 5,4 g/l
RESTZUCKER 1,4 g/l

Der Pinot*** stammt aus unserer besten Parzelle – dem Halbuck. Kleinterrassen, Südausrichtung und erhöhte windoffene Lage kennzeichnen diesen Weinberg. Der Boden besteht aus dünner Lössauflage, unter dem das Vulkangestein ansteht. Die Trauben reifen hier langsamer, aber intensiver als in allen anderen Weinbergen, weshalb hier wie nirgends sonst eine würzige Fruchtintensität entsteht. Würzige, kühle Frucht, Sauerkirsche, kräftiges feines Tannin.

UNSERE PHILOSOPHIE

Wichtig ist uns, dass wir mit der Natur arbeiten und optimale Qualitäten produzieren. Aus diesem Grund sind wir seit 1989 ein biologisch arbeitendes Weingut mit dem Anspruch, nachhaltig zu wirtschaften.

GERD SCHINDLER

Weingut Lämmlin-Schindler

Gerd Schindler baut in Mauchen im Markgräflerland fruchtig elegante Weine in ökologischer Anbauweise aus.

„Ich möchte rassige Weine ausbauen, die durch ihre Lebendigkeit und Fülle überzeugen. Mich fasziniert die Vielfalt im Weinanbau, so wie mich der Reichtum in der Natur begeistert!", erzählt der Winzer, der das Weingut Lämmlin-Schindler 1995 von seinen Eltern übernahm. Die Familie Lämmlin betreibt schon seit dem 17. Jahrhundert Weinbau in Mauchen, diesem unvergleichlich idyllischen und versteckt gelegenen Ort im südlichen Markgräflerland.

13

INHABER
Gerd Schindler und
Heidi Schwarz-Schindler

ADRESSE
Müllheimer Straße 4
79418 Mauchen
Telefon 07635 440
weingut@laemmlin-schindler.de
www.laemmlin-schindler.de

ÖFFNUNGSZEITEN
Montag bis Freitag
9–12 und 14–18 Uhr
Samstag 9–12 und 14–16.30 Uhr
und nach Vereinbarung

GAULT MILLAU

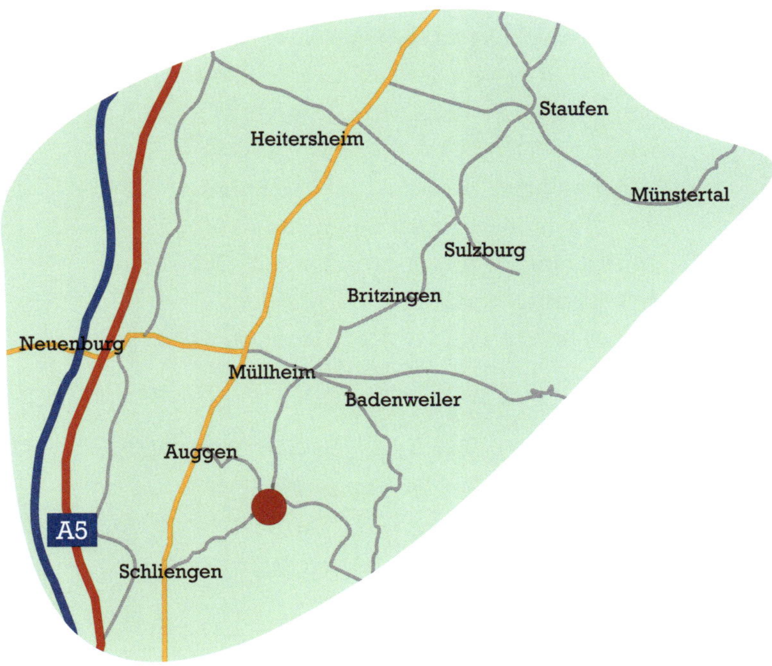

„Das Ungewisse in der Natur ist spannend. Das, was sich seit Jahrmillionen entwickelt hat, daran möchte ich ein wenig teilhaben."

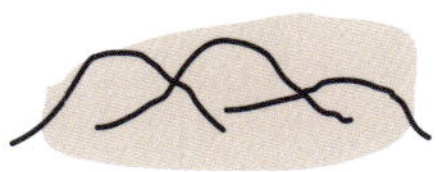

LAGEN
Mauchener Sonnenstück
Mauchener Frauenberg

REBFLÄCHE
19,2 Hektar

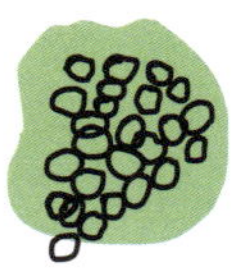

REBSORTEN
Spätburgunder
Gutedel
Weißburgunder
Chardonnay
Grauburgunder
Müller-Thurgau
Gewürztraminer
Riesling
Sauvignon Blanc
Merlot
Cabernet Dorio
Cabernet Cubin

JAHRESPRODUKTION
140.000 Flaschen

Der engagierte und diskussionsfreudige Winzer ist ein „Entschleuniger", der schon früh von der zusätzlichen Reichhaltigkeit in den Rebbergen des ökologischen Weinbaus überzeugt war und der diese Biodiversität als Geschenk der Natur und nicht als notwendiges Übel betrachtet.

„Das Qualitätsniveau, das man sich vornimmt, ist ja nie statisch. Es gibt immer Dinge zu optimieren, das ist so herasufordernd. Das Ungewisse in der Natur ist spannend. Das, was sich seit Jahrmillionen entwickelt hat, daran möchte ich ein wenig teilhaben", erläutert Schindler seine Philosophie.

Traditionell ist das Markgräflerland die Heimat des Gutedels. Lämmlin-Schindler beweist Jahr für Jahr, dass sein leichter und großartig filigraner Gutedel zu den besten des Landstrichs gehört: „Wir versuchen, aus dem Gutedel eine Spezialität zu machen." Der *2014 Mauchener Gutedel Alte Reben trocken* gewann im April 2015 den ersten Platz im Gutedel-Cup, zum wiederholten Mal!

Schindler ist auch stolz auf die Initiative von acht Markgräfler Weingütern und einer kleinen Winzergenossenschaft, die gemeinsam den „Grüner Markgräfler" kreiert haben, einen Gutedel, der nach streng kontrollierten und selbst festgelegten Regeln und doch so ganz individuell von jedem Erzeuger ausgebaut wird. Die spritzige gärungseigene Kohlensäure, der moderate Alkoholgehalt, die harmonische Säure und der geringe Restzucker machen diesen Wein zu einem idealen Begleiter im Sommer.

Im Jahr 2006 wurde Lämmlin-Schindler Mitglied im Verein Deutscher Prädikatsweingüter (VDP).

IM WEINBERG

Schindler kultiviert zahlreiche Kräuter und Leguminosen in seinen Weinbergen, die Hülsenfrüchtler tragen durch eine Symbiose mit stickstofffixierenden Bakterien besonders zur Fruchtbarkeit des Bodens bei.

„Die mineralstoffreichen Böden des Mauchener Sonnenstücks und Frauenbergs haben einerseits einen hohen Anteil von Löss-Lehm, der den Trauben Kraft gibt und andererseits Jurakalksteine, die den Weinen ihre Fruchtigkeit und Eleganz verleihen!"

Lämmlin-Schindler beweist Jahr für Jahr, dass sein Gutedel zu den besten gehört: „Wir versuchen, aus dem Gutedel eine Spezialität zu machen."

WEINSORTIMENT

„Nur" 25 % seiner Anbauflächen sind mit Gutedeltrauben bepflanzt. Bei Lämmlin-Schindler stehen die Burgundersorten im Vordergrund.

• Der fruchtig feine Weißburgunder ist der bestverkaufte Wein des Guts, wobei der *2014 Weißburgunder „Alte Reben"* mit zartfruchtiger Rasse und schöner Säure überzeugt.

• Wenn es die Fruchtaromen erlauben, legt Schindler seine vollmundigen Grauburgunder auch ins Barriquefass, das hat ihm schon eine Auszeichnung beim Internationalen Grauburgunderpreis eingetragen. Der *2014 Grauburgunder trocken VDP.GUTSWEIN Selektion* hat Würze und feine Röstaromen.

• Sehr lebendig, fast knackig ist der bestens verkaufte *2014 Mauchener Chardonnay trocken.*

• Der aromatische *2014 Gewürztraminer Mauchener Sonnenstück VDP.ERSTE LAGE* mit seinem typischen Rosenduft hat 2015 den internationalen Bioweinpreis in Gold gewonnen.

• Baden ist Roséland geworden, groß ist die Zahl hervorragender Roséweine, die hier inzwischen angeboten werden. Lämmlin-Schindler baut einen einmalig lebendigen *2015 Spätburgunder Rosé VDP.ORTSWEIN trocken* als „Rosa Markgräfler" aus.

• Den rubinroten Spätburgundern gilt Schindlers Liebe, auch er setzt zunehmend auf Spontanvergärung. Lämmlin-Schindler macht sich für den Spätburgunder, trocken, stark. „Auch einen leichten Rotwein mit seinen feinen Kirsch- und Mandelaromen muss es geben, das hat hier doch Tradition!", betont Schindler. Brombeer- und Himbeerfruchtaromen dominieren seine Spätburgunder, wobei sein tiefgründiger *2011 Mauchener Frauenberg Spätburgunder Rotwein GG trocken* mit seinen Holunderaromen das Spitzenprodukt der roten Burgunderweine ist.

• 2011 gewann Schindler mit dem *Mauchener Frauenfels,* einer Cuvée aus Blaufränkisch Cabernet Sauvignon und Pinot Noir, den internationalen Bioweinpreis 2015 Großes Gold.

Seit den Zeiten des Großvaters von Gerd Schindler liefern einige wenige Winzer ihre Trauben ins Weingut. Natürlich werden auch die zugekauften Trauben ohne Unkrautvernichter angebaut. Der Ausbau dieser Weine erfolgt getrennt.

SONST NOCH

Dreiviertel aller Kunden sind Stammkunden, wobei auch Schweizer und seit Kurzem Franzosen die Weine von Lämmlin-Schindler schätzen. Natürlich sind die regionalen Gastronomen vom Markgräflerland bis hoch in den Schwarzwald wichtige und überzeugte Abnehmer der Schindlerschen Weinkunst.

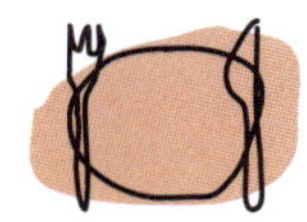

GUTES ESSEN

KRONE MAUCHEN
Müllheimer Straße 6
79418 Mauchen

OCHSEN FELDBERG
Bürgelnstraße 32
79379 Feldberg

HIRSCHEN
Markgräflerstraße 22
79379 Britzingen

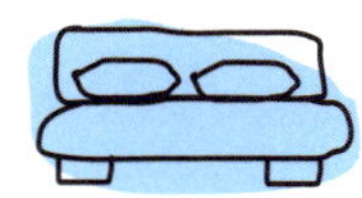

ÜBERNACHTEN

MARKGRÄFLER ALTE POST
Bundesstraße 3
79379 Müllheim

2014
MAUCHENER GUTEDEL
ALTE REBEN
TROCKEN
VDP.ORTSWEIN

ALKOHOL 12,5% vol.
SÄURE 5,9 g/l
RESTZUCKER 2,9 g/l

1. Platz Gutedelcup 2015, Kategorie Qualitätswein, gewachsen auf kalkig-tonigem Boden; Ausbau im Stahl- und Holzfass, Duft nach Zitrusfrüchten. Mineralische Frische.

2014
MAUCHENER CHARDONNAY
TROCKEN
VDP.ORTSWEIN

ALKOHOL 12,0% vol.
SÄURE 7,0 g/l
RESTZUCKER 2,5 g/l

Qualitätswein. Kalkhaltiger Löss-Lehm-Boden, Ausbau im Edelstahlfass. Zitrus-, Quitte- und frische Apfelnoten. Erfrischend, elegant.

2014
MAUCHENER SAUVIGNON BLANC
TROCKEN
VDP.ORTSWEIN

ALKOHOL 12,5% vol.
SÄURE 7,5 g/l
RESTZUCKER 2,2 g/l

Qualitätswein. Internationaler Bioweinpreis 2015 Silber. Boden: Löss-Lehm- und Kalkmergel. Duft nach reifen Stachelbeeren, Mirabellen und Mango. Animierende Fruchtsäure.

2014
MAUCHENER GEWÜRZTRAMINER
SPÄTLESE LIEBLICH
VDP.ERSTE LAGE

ALKOHOL 10,5% vol.
SÄURE 5,5 g/l
RESTZUCKER 38,6 g/l

Internationaler Bioweinpreis 2015 Gold. Boden: Kalksteinverwitterung und Löss-Lehm. Würziger Duft mit einem Hauch von Rosenblättern. Feine ausgewogene Süße mit spürbarer Fruchtsäure.

2011
MAUCHENER FRAUENFELS
CABERNET & PINOT NOIR
TROCKEN
VDP.ORTSWEIN

ALKOHOL 13,5% vol.
SÄURE 6,1 g/l
RESTZUCKER 2,0 g/l

Qualitätswein, internationaler Bioweinpreis 2015 Großes Gold. Boden: steinig, felsiger Untergrund. Tief dunkelrotes Farbenspiel und filigraner Duft nach dezenter Cassis, Brombeeren und Veilchen.
Ein kräftiger, konzentrierter Rotwein mit würzigem Abgang.

2011
MAUCHENER FRAUENBERG
SPÄTBURGUNDER ROTWEIN GG
TROCKEN
VDP.GROSSE LAGE

ALKOHOL 13,0% vol.
SÄURE 6,6 g/l
RESTZUCKER 3,2 g/l

Internationaler Bioweinpreis 2014 Gold. Boden: steinig, felsiger Untergrund. Qualitätswein in dunklem Rubinrot. Geschmack nach Brombeeren und Holunder, feine Röstaromen und lang anhaltender kräftiger Nachhall.

UNSERE PHILOSOPHIE

Wir wollen Weine machen, die einen schönen Abend entstehen lassen. Sie sollen lebendig und animierend wirken.

KONRAD SALWEY

Weingut Konrad Salwey

Konrad Salwy führt die begeisternde Tradition der ausdrucksstarken, sehr trocken ausgebauten Weine in Oberrotweil am Kaiserstuhl fort. Seine Augen funkeln hinter den Brillengläsern. Winzer Konrad Salwey spricht mit ansteckender Leidenschaft und größter Offenheit über seine Passion der „Weinbegleitung".

Seit dem tödlichen Autounfall seines Vaters Wolf-Dietrich Salwey im Januar 2011, einem Winzer-Urgestein am Kaiserstuhl, der mit seinen klaren und doch so herrlich vielschichtigen Weinen den ausgezeichneten Ruf dieses Spitzenweinguts begründete, ist Konrad Salwey heute alleine für die Geschicke des Betriebs in der dritten Generation verantwortlich.

14

INHABER
Konrad Salwey

ADRESSE
Hauptstraße 2
79235 Oberrotweil
Telefon 07662 384
weingut@salwey.de
www.salwey.de

ÖFFNUNGSZEITEN
Montag bis Freitag 14.00–18.00 Uhr
Samstag 11.00–17.00 Uhr

sowie nach
vorheriger Vereinbarung
Sonn-/feiertags geschlossen

GAULT MILLAU

★★★★
EICHELMANN

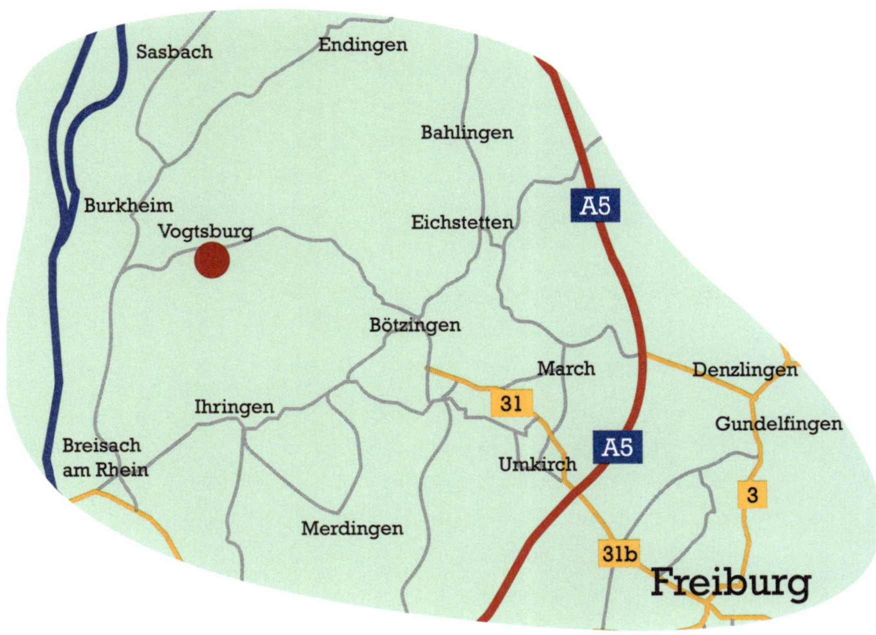

Das Weingut Salwey gehört zu den Gründungsmitgliedern des VDP, seit 1910 bis heute die führende Vereinigung der Spitzenerzeuger in Deutschland.

LAGEN
Oberrotweiler Kirchberg
Oberrotweiler Eichberg
Oberrotweiler Henkenberg
Oberrotweiler Käsleberg

REBFLÄCHE
41 Hektar

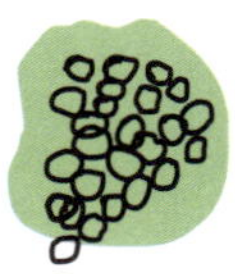

REBSORTEN
Grauburgunder
Spätburgunder
Weißburgunder

JAHRESPRODUKTION
300.000 Flaschen

Das Weingut Salwey gehört zu den Gründungsmitgliedern des VDP – Verband Deutscher Prädikatsweingüter, Regionalverband Baden –, seit 1910 bis heute die führende Vereinigung der Spitzenerzeuger in Deutschland.

Als Wolf-Dietrich Salwey 1985 das elterliche Weingut in Oberrotweil von seiner Mutter übernahm, häufte er durch Zukauf neuer Lagen erst mal den Schuldenstand auf, blieb aber seiner kompromisslosen Linie „ausdruckstarke Typen im klassisch trockenen Stil" zu vinifizieren, stets treu.

Sohn Konrad, ausgebildet bei Zind Humbrecht und Michel Juillot in Frankreich, kehrte nach dem Studium in Geisenheim im Sommer 2002 ins elterliche Weingut zurück.

Vater und Sohn pflegten einen leidenschaftlichen Disput und waren sich beim Wein-Machen oft nicht einig. „Ich wollte halt vieles anders machen, nicht wirklich besser, sondern anders! Ich war damals für die Weißweine verantwortlich, ein paar Jahrgänge waren sehr gut, aber ich habe gar nicht so richtig verstanden, warum!", erzählt Konrad Salwey über die intensiven Jahre zu zweit.

2005 wurde in Niederrotweil dann groß in eine neue Kellerei investiert.

Es kam 2006, das Katastrophenjahr der Winzer, und Salwey musste zukaufen, damit der Bedarf gedeckt werden konnte. Das hat beiden nicht gefallen, deshalb haben sie weitere Flächen gepachtet, um der wachsenden Nachfrage gerecht zu werden. Seither gehört die Qualität der Weiß- und Rotweine von Salwey beständig zu den Spitzenprodukten aus Baden.

IM WEINBERG

Die Lössterrassen und die steilen Hänge aus verwittertem Vulkangestein prägen die verschiedenen Lagen des Guts, wie den Kirchberg, den Oberrotweiler Eich- und Henkenberg sowie den Käsleberg, die alle umweltschonend bearbeitet werden. Selbstverständlich spielen Gründüngung, auch Pferdemist, und die richtige Bodenbepflanzung eine zentrale Rolle in den Weinbergen.

Bei Salwey ist fast alles Handarbeit, die Trauben werden stark reduziert und viele uralte Rebstöcke tragen in den Spitzenlagen zum so besonderen Geschmacksbild bei.

Die Weiß- und Grauburgunder stehen im Zentrum der Weißweinproduktion und sind die große Liebe des Chefs.

WEINSORTIMENT

Wie alle VDP Weingüter gliedert Salwey sein Weinprogramm in drei Stufen, die Gutsweine (Kabinett), die Reserve Salwey RS (Spätlese) und die Großes Gewächs GG. Letztere müssen immer vom VDP zertifiziert werden.

Die feinstoffliche Mineralität, die elegante Säure, der fruchtige Grundcharakter und der gut ausbalancierte Alkohol sind die gemeinsamen Eigenschaften dieser sehr bekömmlichen Weine.

Die Weiß- und Grauburgunder stehen im Zentrum der Weißweinproduktion und sind die große Liebe des Chefs, ob 2013 als fruchtig klare Gutsweine oder als vollmundige Reserve im großen Holzfass ausgebaut.

- Die Krönung sind die wunderbar differenzierten, extra trockenen Große Gewächse vom Henkenberg oder Kirchberg. So ist der *2013 Henkenberg Weißburgunder* GG mit seinen Grapefruit- und Steinobstaromen und seinen mineralischen Geschmacksnoten schlicht großartig.
- Auch der *2013 Henkenberg Grauburgunder* GG mit rassiger Säure, langem Nachhall und großem Reifepotenzial ist ein trockener Kaiserstühler Grauburgunder wie aus dem Bilderbuch.
- Der *2013 Kirchberg Weißburgunder* GG riecht nach Zitrusfrüchten und Asche, hat noch sehr verhaltene Fruchtaromen und verspricht heute schon eine große Länge im Abgang.
- Rassige Säure, große Mineralik und feinherbe Duftnoten betören beim *2013 Eichberg Grauburgunder* GG.
- Die meist im kleinen Barriquefass ausgebauten Spätburgunder sind die eher heimlichen Stars. Das Holz dieser Fässer stammt zu ⅔ aus dem Kaiserstuhl und zu ⅓ aus Frankreich, sie werden im Burgund zusammengebaut.

Im Holzfassbereich, also auch bei den Rotweinen, setzt Salwey auf Spontanvergärung. „Das Risiko ist natürlich höher, man braucht viel Zeit und kann eigentlich nichts machen außer zu warten!“, erklärt Salwey.

- Der *2013 Henkenberg Spätburgunder* GG ist ein samtiger, fruchtbetonter Pinot mit reifen Gerbstoffen und erfrischender Säure.
- Auch der *2013 Eichberg Spätburgunder* bestricht durch seine Eleganz und Rasse sowie ausgeprägte Fruchtnoten.

SONST NOCH

Privatkunden, Fachhändler und Gastronomen aus ganz Deutschland begeistern sich für die großen und kleinen Gewächse von Salwey. Besonders freut es den jungen Chef, dass gerade Kunden aus der Region immer häufiger bei ihm einkaufen.

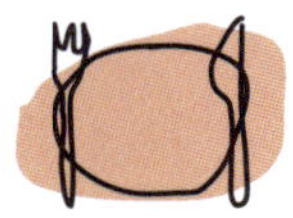

GUTES ESSEN

SCHLEGELHOF
Höfener Str. 92
79199 Kirchzarten

DREXLERS
Rosastraße 9
79098 Freiburg

WOLFSHÖHLE
Konviktstraße 8
79098 Freiburg

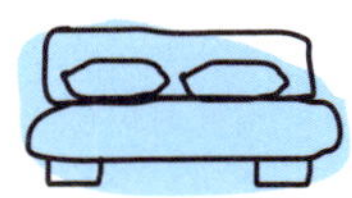

ÜBERNACHTEN

KÖPFERS STEINBUCK
Steinbuckstraße 20
79235 Vogtsburg-Schelingen

2013
GG HENKENBERG
WEISSBURGUNDER
TROCKEN

ALKOHOL 12,5% vol.
SÄURE 7,8 g/l
RESTZUCKER 1,3 g/l

Oberrotweil, Vulkangestein. Vielschichtig, komplex, mineralisch. Duft nach Grapefruit und Stein.

2013
GG HENKENBERG
GRAUBURGUNDER
TROCKEN

ALKOHOL 12,5% vol.
SÄURE 6,7 g/l
RESTZUCKER 0,9 g/l

Oberrotweil, Vulkangestein. Rassige Säure, langer Nachhall, Reifepotenzial.

2013
GG KIRCHBERG
WEISSBURGUNDER
TROCKEN

ALKOHOL 12,5% vol.
SÄURE 7,8 g/l
RESTZUCKER 0,1 g/l

Oberrotweil, Vulkangestein mit Kalkeinschlüssen, steinig und felsig. Fruchtaromen verhalten, mineralisch, von enormer Länge und Struktur. Duft nach Zitrusfrüchten und Asche.

2013
GG EICHBERG
GRAUBURGUNDER
TROCKEN

ALKOHOL 13,0% vol.
SÄURE 5,7 g/l
RESTZUCKER 0,5 g/l

Oberrotweil, Vulkanboden aus Aschetuff, Basaltstein, wenig Löss. Rassige Säure, mineralisch, herb.

2013
GG HENKENBERG
SPÄTBURGUNDER
TROCKEN

ALKOHOL 13,5% vol.
SÄURE 5,3 g/l
RESTZUCKER 1,9 g/l

Oberrotweil, Vulkangestein mit Granaten und Löss-Lehm. Konzentrierter, hocharomatischer und fruchtbetonter Rotwein. Enormes Lagerpotenzial dank belebender Säure.

2013
GG EICHBERG
SPÄTBURGUNDER
TROCKEN

ALKOHOL 13,5% vol.
SÄURE 5,2 g/l
RESTZUCKER 2,4 g/l

Oberrotweil, Vulkanboden aus Aschetuff, Basaltstein, wenig Löss. Rassiger Wein, elegant mit kühler Aromatik und schöner Frucht.

UNSERE PHILOSOPHIE

Gemeinsam im Familienweingut authentische Weine machen, unterstützt durch den biodynamischen Anbau. Es macht uns viel Freude, dadurch die Lebendigkeit des Bodens im Wein erlebbar zu machen und eine Verbindung zwischen Weingenuss und der Natur zu schaffen.

HANS-PETER TRAUTWEIN

Weingut Trautwein

Hans-Peter und Elfriede Trautwein mit Tochter Anne-Christin arbeiten auf ihrem Demeter-Weingut mit Begeisterung für eine Versöhnung mit der Natur. Seit 1649 baut die Familie Trautwein am östlichen Kaiserstuhl in Bahlingen Wein aus. 1980 hat man auf biologischen Anbau umgestellt, 20 Jahre lang war das Weingut Trautwein ein Bioland-Betrieb, bis man 2004 die Demeter-Zertifizierung für biodynamischen Ausbau erlangte. Es war, wie in so vielen Kaiserstühler Biografien, die Auseinandersetzung um das geplante Atomkraftwerk in Wyhl, die in Elfriede und Hans-Peter Trautwein den Entschluss reifen ließ, ihren Weinbau strikt nach der Verträglichkeit mit der Natur auszurichten.

15

INHABER
Hans-Peter und Elfriede Trautwein

ADRESSE
Riegeler Str. 2
79353 Bahlingen
Telefon 07663 2650
info@trautweingut.com
www.trautweingut.com

ÖFFNUNGSZEITEN
Montag bis Freitag 8–18 Uhr
Samstag 8–14 Uhr.

Wenn Sie außerhalb dieser Öffnungszeiten vorbeikommen möchten oder wenn Sie uns ganz sicher auf dem Weingut antreffen möchten, machen Sie mit uns einen Termin aus.

GAULT MILLAU

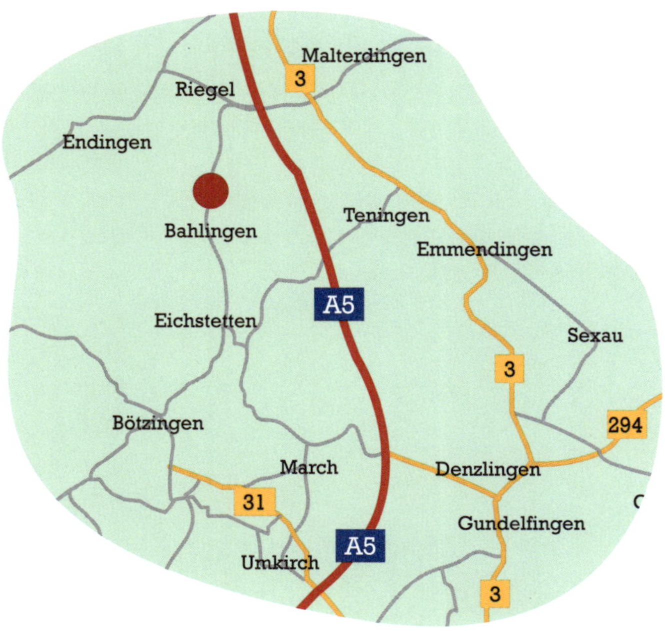

Im 300 Jahre alten Gewölbekeller reift auch ein herrlicher, den Vergleich mit französischem Champagner nicht scheuender Sekt heran.

LAGEN
Bahlinger Fohberg
Bahlinger Käsenthal
Bahlinger Hundsrück

REBFLÄCHE
9 Hektar

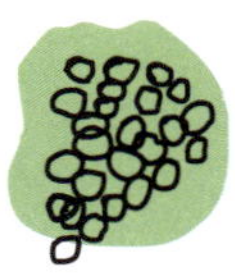

REBSORTEN
Spätburgunder
Müller-Thurgau
Chardonnay
Grauburgunder
Weißburgunder
Muskateller
Gemischter Satz
Gewürztraminer

JAHRESPRODUKTION
55.000 Flaschen

„Wein ist ein lebendiges Gut, es ist ein Produkt, das einem guttut. Für mich bedeutet biodynamischer Weinbau, gerade in den Zeiten des Klimawandels, für Ausgeglichenheit im Weinberg zu sorgen, die Reben sprichwörtlich in eine ‚Balance' zu bringen!", erklärt Trautwein seine Philosophie.

Wurde am Anfang noch der Begrünung im Weinberg die höchste Priorität zugemessen, stehen heute die Weinqualität und das Geschmackserlebnis im Zentrum: „Es geht um Tiefe und Länge der Weine. Dabei als Familienweingut authentische Weine machen zu können, ist etwas sehr Schönes!"

Seine langsam reifenden Weine sind von fruchtiger, rebsortentypischer Eleganz im Weißweinsortiment und von tiefgründiger Mineralität und differenzierter Struktur bei seinen Spätburgundern.

Im 300 Jahre alten Gewölbekeller reift auch ein herrlicher, den Vergleich mit französischem Champagner nicht scheuender Sekt heran, wobei der *2007er Pinot Réserve Brut* mit seinem reifen, weinigen Charakter und seinem eher zarten Moussieren zu den eindrucksvollsten Vertretern seiner Zunft zählt. Bis zu 48 Monate Reifezeit gibt der Winzer seinen handgerüttelten Weiß- und Rosésekten.

IM WEINBERG

„Eine vielfältige Bodenflora- und Fauna sind Voraussetzung für die nachhaltige Fruchtbarkeit des Bodens und die Widerstandskraft der Reben. Mit biodynamischen Präparaten aus Tee, Kompost und Silicium werden die Pflanzen zur Selbstheilung und Verteidigung gegen Schädlinge und Pilze angeregt!", erklärt der Winzer, „nur organischer Dünger und Einsaaten von Begrünungspflanzen sorgen für den richtigen Humusgehalt und das vielfältige Bodenleben im Weinberg". Der vor Ort im Weinberg durchgeführte „Dufttest" eines biologischen Bodens und eines konventionell bearbeiteten Bodens war mehr als eindrucksvoll.

WEINSORTIMENT

Trautwein unterscheidet drei Qualitätsstufen: erstens die *klassische Linie*, zweitens *die Edition* – sie wird ausschließlich spontan vergoren und im Holzfass ausgebaut, die Weine zeichnen sich durch hohe Lagerfähigkeit aus und man legt besonderen Wert auf die Geschmacksnoten des jeweiligen Terroirs – und drittens die Spitzenweine der Edition RS, deren Trauben der alten Reben auf 30 hl/ha reduziert und die Weine mindestens für 2 Jahre gelagert werden.

Während der Ausbau des klassischen Spätburgunders im großen Holzfass erfolgt, reifen die Edition und Edition RS im kleinen Barriquefass heran.

• Neben dem Müller-Thurgau und dem Rivaner als Weine für jeden Tag hat Trautwein mit seinem *2014 Muskateller*

TRAUTWEIN
MUSKATELLER
RIVANER
REGENT

1649
WEINGUT
TRAUTWEIN
79353 BAHLINGEN

„Mit biodynamischen Präparaten aus Tee, Kompost und Silicium werden die Pflanzen zur Selbstheilung und Verteidigung gegen Schädlinge und Pilze angeregt."

trocken einen sehr leichten (10% vol. Alkohol), sehr fruchtigen (8,1 g/l Restzucker) und doch säurebetonten (Säure 7,4 g/l) Sommerwein anzubieten.

- Für seinen *2010 Grauburgunder Edition Fohberg* hat er den 1. Platz des Internationalen Grauburgunderpreises 2012 in der Kategorie Premiumweine gewonnen. Auch der 2013er steht seinen Vorgängern mit Duftnoten nach Birnen und frischen Walnüssen in nichts nach.
- Der *2014 Weißburgunder trocken*, der „Riesling der Burgunderfamilie", ist ein fruchtiger, dynamischer Begleiter von Fisch und hellem Fleisch mit seinen Aromen nach Pfirsich und Aprikosen.
- Im Sommer ist der herrlich lebendige, trockene *2014 Rosé vom Spätburgunder* zu empfehlen, der mit seinem Bukett von Erdbeeren für Trinkgenuss pur steht.
- Besondere Freude macht Trautwein seine *2013 Edition „Urkäsenthal" Gemischter Satz*. Im Gemischten Satz stehen verschiedene Rebsorten bunt gemischt im Weinberg, früh reifende und spät reifende, daraus entsteht eine sehr spannende, sehr facettenreiche und extrem fruchtige Weißweincuvée.
- Die *2013 klassischen Spätburgunder* aus dem großen Holzfass sind samtig-fruchtige Vertreter, während die *2012 Spätburgunder Edition*, die 12 Monate auf dem Barrique lag, schon etwas wuchtiger und mineralisch daherkommt mit ihren Himbeer-, Nelke- und Vanille-Düften.
- Streng limitiert ist die Nummer-eins des Hauses, die *2011 Spätburgunder Edition RS „Käsenthal"*. Dieser unfiltrierte Wein wurde 24 Monate im Barrique gelagert, verströmt einen Duft nach Brombeeren, Himbeeren, Vanille und etwas Pfeffer und hat einen langen, tiefen und sehr mineralischen Abgang.

SONST NOCH

Die Trautweins gehen, jetzt auch in der nächsten Generation, unbeirrt ihren biodynamischen, ökologischen Weg, der ihnen heute Spitzenprodukte der badischen Weinkunst beschert.

Ein Besuch bei dieser so konsequent unkonventionellen Familie und eine Weinprobe sind ein empfehlenswertes Gesamterlebnis.

GUTES ESSEN

SCHEIDELS RESTAURANT ZUM KRANZ
Offenburger Str. 18
79341 Kenzingen

GASTHAUS STERNEN POST
Hauptstraße 30
79254 Oberried

SCHWARZER ADLER
Badbergstraße 23
79235 Vogtsburg-Oberbergen

ÜBERNACHTEN

RESTAURANT UND PARKHOTEL KRONE MALECK
Brandelweg 1
79312 Emmendingen-Maleck

2014
MUSKATELLER
QUALITÄTSWEIN
TROCKEN

ALKOHOL 10% vol.
SÄURE 7,4 g/l
RESTZUCKER 8,1 g/l

Leichter und sehr fruchtiger Muskateller mit feiner Typizität. Blumig duftend, Kräuter andeutend mit Anklängen von Limonen und Grapefruit. Erfrischend fruchtiger Abgang.

2014
WEISSBURGUNDER
QUALITÄTSWEIN
TROCKEN

ALKOHOL 12% vol.
SÄURE 6,5 g/l
RESTZUCKER 1,7 g/l

Riesling der Burgunderfamilie, fruchtig klassischer Weißburgunder. Mit dem Duft von Aprikose und Pfirsich spielend. Runder Abgang mit frischer Frucht.

2013
GRAUBURGUNDER
EDITION ‚FOHBERG'
QUALITÄTSWEIN
TROCKEN

ALKOHOL 13% vol.
SÄURE 5,3 g/l
RESTZUCKER 1,3 g/l

Konzentrierter und charakteristischer Vertreter der Editionsweinlinie mit einem Ertrag von nur 40 hl/ha und Ausbau im Holzfass mit über einjähriger Reifezeit. Ausdrucksvoller Duft nach Birnen und frischen Walnüssen. Volles Gaumenfinale mit reifen Feigen.

2013
KAISERSTÜHLER SATZ
EDITION ‚URKÄSENTHAL'
QUALITÄTSWEIN
TROCKEN

ALKOHOL 13% vol.
SÄURE 5,6 g/l
RESTZUCKER 1,1 g/l

Der Gemischte Satz ist das ursprüngliche Spiel verschiedener Rebsorten in einem Weinberg, wobei der Kaiserstühler Satz sich aus charakteristisch klassischen Weißweinsorten des Kaiserstuhls zusammensetzt. Im Duft vegetabile Nuancen mit feiner Melonen- und Kräuteraromatik. Im Mund mit Frucht und Säure spielend, sich entwickelnd.

2012
SPÄTBURGUNDER
EDITION
QUALITÄTSWEIN
TROCKEN

ALKOHOL 13,5% vol.
SÄURE 4,5 g/l
RESTZUCKER 1,5 g/l

Klassisch konzentrierter Kaiserstühler Spätburgunder, Vertreter unserer Editionsweinlinie mit dezentem Barriquefassausbau. Im Bukett an Himbeeren und Brombeeren erinnernd. Mineralischer, lang anhaltender Abgang, der mit den Aromen von feinen Beerenfrüchten spielt.

2011
SPÄTBURGUNDER
EDITION RS ‚KÄSENTHAL'
QUALITÄTSWEIN
TROCKEN

ALKOHOL 13% vol.
SÄURE 5 g/l
RESTZUCKER 0,9 g/l

Als Spitze unserer Qualitätspyramide ist dieser Spätburgunder höchst konzentriert und zwischen Kraft und Eleganz spielend. Limitiert auf 792 Flaschen, im Barriquefass ausgebaut mit über 24-monatiger Reifelagerung. Ein Bukett von konzentrierten Himbeeren und Brombeeren, Würzigkeit von Vanille und Pfeffer. Im Abgang viel Mineralität und Länge.

KLAUS VORGRIMMLER

UNSERE PHILOSOPHIE

Respekt!
Weine sind für uns lebendige Wesen.
Qualität!
Die Weinwerdung kann nur mit der Natur vollbracht werden.
Passion!
Wir sehen uns dabei als Teil des großen Ganzen und staunen.

Demeter Weingut Klaus Vorgrimmler

Der herrliche Garten hinter dem Betriebshof des Weinguts Klaus Vorgrimmler in Freiburg-Munzingen ist eine radikal entschleunigte Oase der Natur, die eine fast magische Atmosphäre ausstrahlt. Im wunderbar angelegten Kräuter- und Heilpflanzengarten werkeln befreundete Ehepaare mit tiefenentspannten Gesichtszügen.

Klaus Vorgrimmler hat durchaus Ähnlichkeit mit einem Magier, der den Zuhörer während seiner begeisternd ansteckenden Vorträge etwa in die Geheimnisse der Planetenkonstellationen, eines lebendigen Mikroklimas am Boden oder des Mond-und Aussaatkalenders der Maria Thun einweiht. Er führt das Weingut konsequent nach Demeter-Richtlinien.

16

INHABER
Klaus Vorgrimmler

ADRESSE
St.-Erentrudis-Straße 63
79112 Freiburg
Telefon 07664 2489
weingut@vorgrimmler.de
www.vorgrimmler.de

ÖFFNUNGSZEITEN
Weinverkauf, Weinproben und Weinbergswanderungen nach telefonischer Absprache, gerne per E-Mail

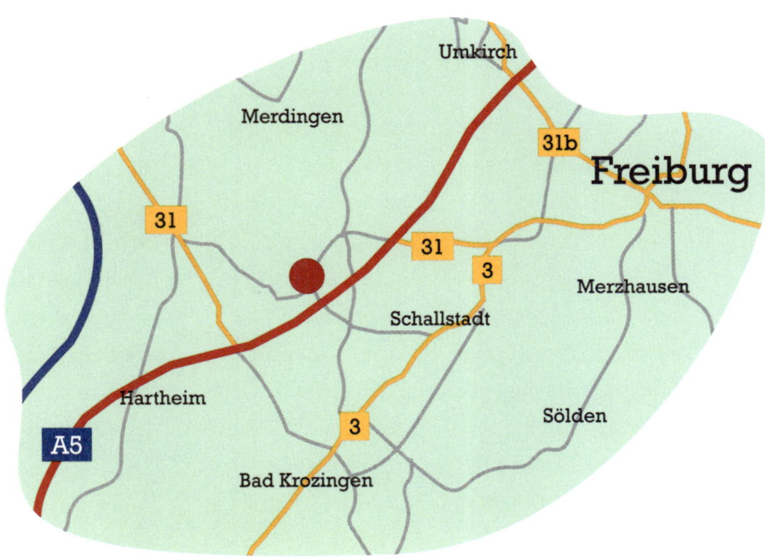

„Die Reben müssen schon ein bisschen leiden, wenn der Wein gut werden soll. Vor allem müssen sie tiefe Wurzeln austreiben.“

LAGEN
Munzinger Kapellenberg
Munzinger Lindenberg

REBFLÄCHE
3,2 Hektar

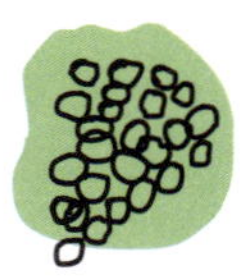

REBSORTEN
Spätburgunder
Weißburgunder
Grauburgunder
Chardonnay
Cabernet Blanc

JAHRESPRODUKTION
10.000–12.000 Flaschen

Schon Vorgrimmlers Vater, einer der Mitbegründer des Badischen Winzerkellers, empfand in den frühen 80er Jahren großes Unbehagen und wollte mit der vielen Chemie im Weinberg aufhören. Er begann, seine Rebhänge zu begrünen.

Winzermeister Klaus Vorgrimmler übernahm 1985 den Familienbetrieb und stellte auf ökologische Bewirtschaftung um. Er wurde Mitglied bei Eco-Vin und zog sich langsam aus der Genossenschaft zurück, bis er 1997 ganz auf eigenen Beinen stand.

Seit 2007 führt er das Gut als zertifizierten *Demeter-Betrieb* und arbeitet konsequent nach den Methoden der „Pionierin des Pflanzenbaus im Einklang mit kosmischen Kräften“ Maria Thun, deren Nähe zu Rudolf Steiners landwirtschaftlichem Kurs bekannt ist.

„Die Reben müssen, im postiven Sinn des Lernens, schon ein bisschen leiden, wenn der Wein gut werden soll. Ich wollte einfach etwas ganz anderes machen, wollte unabhängig werden von den immer brutaler werdenden Insektiziden und chemischen Düngemitteln. Jetzt, nach langer Zeit, haben sich die Böden, in denen die Weinrebe fußt, wieder in Balance gebracht.“, erklärt der passionierte Winzer. „Meine Aufgabe ist es, zu beobachten, zu fühlen. Was gibt es für Zeigerpflanzen, wie ist der Wuchs der Rebe, wie die Triebform, die Blattfarbe? Ist eine Bodenbearbeitung überhaupt nötig? Können das die Wurzeln der typischen Flora nicht besser? Manchmal ist es besser, nichts zu tun.“

Vorgrimmler behandelt alle Rebstöcke und jede Rebsorte ganz individuell. Viele Pflanzen bilden eine Wurzelgemeinsymbiose mit den Reben aus. Durch das Aussamen dieser Pflanzen entsteht eine natürliche Begrünung, die ich mit meiner Arbeit ergänze. Es gibt ca. 40 verschiedene Pflanzen mit jeweils ganz spezifischen Fähigkeiten. Das wirkt sich auch auf die Weininhaltsstoffe aus.“

IM WEINBERG

Klaus Vorgrimmler und seine Frau Maj Britt arbeiten sehr gerne in den Reben: „Unsere Pflanzen ganz nah zu sein ist für uns das Wichtigste. Nur so kann ein tiefes Verständnis für die Reben gedeihen.“

Vorgrimmler setzt auch ganz auf die Anwendung verschiedener Tees zu verschiedenen Jahreszeiten im Weinberg. Um auch hier die volle Wirkung zu erzielen, verspritzt er seine Tees an bestimmten Tagen – Wurzel, Blatt, Blüte und Frucht, die sich wiederum, nach Thun, aus bestimmten Planetenkonstellationen errechnen lassen: Brennessel vitalisiert die Eisen- und Stickstoffbildung. Schafgarbe unterstützt den Bildungsprozess von Kalium und Schwefel. Löwenzahnblüten stabilisieren die Blattzellwände, die Eichenrinde schützt vor Pilzkrankheiten und Baldrian fördert das ausgeglichene Wachstum und hilft bei Frost.

Vorgrimmler bemerkt das seien nur die Basiskräuter: „Wir stehen noch am Amfang des Lernprozesses. In der Anwendung wird unser Wissen tiefer und filigraner. Wir sind noch immer am Begreifen und Staunen.“

VERKAUF
GEÖFFNET
HIER
demeter
bio-dynamische Qualität

502
503
506

„Ich mag den romanischen Stil, es muss eine klare, fruchtig-kräftige, aber auch subtile Stilistik haben, damit mir ein Wein gefällt.“

Seine Lagen sind der Munzinger Kapellenberg und der Lindenberg.

Vorgrimmler ist begeistert vom Lössboden an der Südspitze des Tunibergs. Dort stehen seine Burgunderreben, der Weiß- und Grauburgunder, Chardonnay und seine Piwi-Sorte, der Cabernet Blanc, der eine Neuzüchtung aus Cabernet Sauvignon und Resistenzpartnern darstellt und im Geschmack an Sauvignon Blanc erinnert.

Die heimliche Liebe des Chefs ist aber sein Spätburgunder.

IM WEINKELLER

Vorgrimmler erntet zwischen 30 und 40 hl/ar. Für ihn ist es selbstverständlich, auf Handlese und händische Aussortierung zu setzen.

Seine Trauben verarbeitet er sehr schonend ohne großen technischen Aufwand.

Alle seine Weine sind spontanvergoren, die Rotweine werden durch offene Maischegärung vinifiziert. Danach lagern sie bis zur nächsten Ernte auf der Feinhefe im Holzfass.

Eignet sich ein Jahrgang besonders, können sie auch bis zu 20 Monaten im Barrique lagern.

Alle Weine werden natürlich trocken ausgebaut, die Weißweine im Stahlfass. Für Vorgrimmler sollte Weißwein keinen Barriquegeschmack haben und dennoch möchte auch er anfangen, sie teilweise im großen Holzfass auszubauen.

WEINSORTIMENT

- „Ich mag den romanischen Stil, es muss eine klare, fruchtig-kräftige, aber auch subtile Stilistik haben, damit mir ein Wein gefällt. So wie mein *2009 Spätburgunder Rotwein SR Kapellenberg trocken* mit seiner vollmundigen Nase, seinen mineralischen Kirsch- und dunklen Fruchtaromen und herrlicher Säure.“
- Auch der *2012 Spätburgunder Rotwein* besticht durch Kraft und Eleganz mit einem würzigen Kick.
- Die *2013* und *2014 Spätburgunder Saignée Rosé* sind herrliche Sommer- und Terrassenweine mit vollen Fruchtaromen und schöner, kühlender Säure.
- Der *2014 Weißburgunder Kapellenberg* ist ein großartiger Vertreter seiner Art, der *2014 Grauburgunder* ist noch etwas würziger und gehaltvoller.
- Auch der *2014 Cabernet Blanc* erfreut mit fruchtigen Aromen und einem langen Abgang immer mehr Liebhaber.

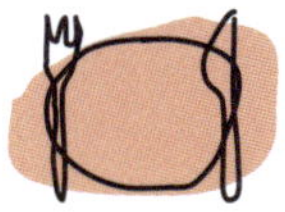

GUTES ESSEN

Unsere Empfehlung:
Das Magazin „baden.“ lesen und genießen – hinaus in die Gastro-Welt.

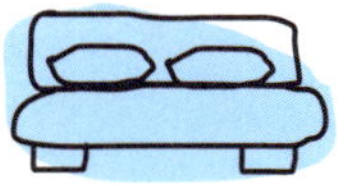

ÜBERNACHTEN

Siehe oben.

2009
SPÄTBURGUNDER ROTWEIN SR
TROCKEN

KAPELLENBERG

ALKOHOL 13% vol.
SÄURE 5,3 g/l
RESTZUCKER 1,0 g/l

Filigrane Kirschfrucht, reife ausgeprägte Aromen, burgundische Tiefe, eigenständige Weinpassion.

PINOT BLANC DE NOIR
CRÉMANT
BRUT NATURE
(ZERO DOSAGE)

KAPELLENBERG

ALKOHOL 12,5% vol.
SÄURE 5,2 g/l
RESTZUCKER 2,0 g/l

Feine Perlung, tanzt auf der Zunge, einladend perfekter Abgang mit Schmelz und Länge.

2013
SPÄTBURGUNDER ROTWEIN
TROCKEN

KAPELLENBERG

ALKOHOL 13% vol.
SÄURE 5,5 g/l
RESTZUCKER 0,5 g/l

Sehr burgundisch, filigran, lebendig im Wesen, reife Tannine, wunderbare Säurestruktur.

2015
WEISSBURGUNDER

KAPELLENBERG

ALKOHOL 12,5% vol.
SÄURE 5,4 g /l
RESTZUCKER 0,01 g/l

Lebendige, frische Zitrusnoten, cremiges, angenehmes, vollreifes Spektrum der Burgunderfrucht.

UNSERE PHILOSOPHIE

Kompromisslos wird bei uns alles von Hand gelesen und nur das beste Lesegut kommt in den Keller. Die Traubenreife ist ausschlaggebend, so wie die Trauben im Weinberg schmecken, so wird der Wein. Was nicht in der Frucht ist, kann später nicht dazukommen.

FRITZ WASSMER

Weingut Fritz Waßmer

Fritz Waßmer strahlt über das ganze Gesicht, mit unglaublich ansteckender Begeisterung berichtet er von seinen Anfängen als Winzer und zelebriert sein heutiges Angebot an weißen und roten Spitzenweinen mit einer wunderbar sympathischen inneren Genugtuung. Der spätberufene Autodidakt hat es in die erste Riege der deutschen Winzer geschafft und sein Sortiment macht sich auch international einen ausgezeichneten Namen. Seit Generationen wird bei Waßmers in Schlatt Landwirtschaft und Weinbau betrieben. Seit 1999 baut Fritz Waßmer auch seinen eigenen Wein selbst aus.

17

INHABER
Fritz Wassmer

ADRESSE
Lazariterstraße 2
79189 Bad Krozingen
Telefon 07633 3965
mail@weingutfritzwassmer.de
www.weingutfritzwassmer.de

ÖFFNUNGSZEITEN
Montag bis Freitag 9–18 Uhr,
Samstag 10–16 Uhr

GAULT MILLAU

★ ★ ★
EICHELMANN

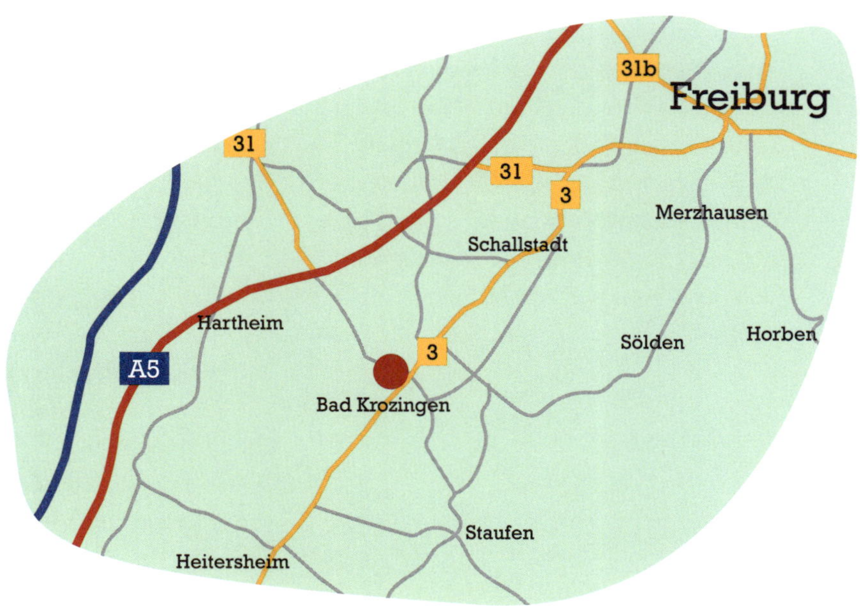

Aromatypizität steht für Waßmer immer im Vordergrund und er bevorzugt einen langen Kontakt der Hefe mit dem Wein.

LAGEN
Malterdinger Bienenberg
Kenzinger Roter Berg
Bombacher Sommerhalde
Achkarrer Schlossberg
Staufener Schlossberg

REBFLÄCHE
38 Hektar

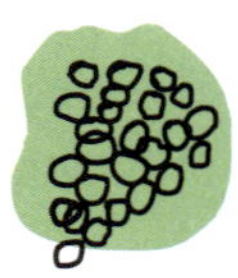

REBSORTEN
Spätburgunder
Frühburgunder
Weißer Burgunder
Grauer Burgunder
Auxerrois
Cabernet Franc
Gutedel
Merlot
Muskateller
Rivaner
Sauvignon Blanc
Syrah
Viognier
Chardonnay
Riesling

JAHRESPRODUKTION
192.000 Flaschen

In Chile, Argentinien, Neuseeland und Australien, vor allem aber im französischen Burgund bei der Domaine de la Romanée-Conti, einem der berühmtesten Weingüter der Welt, hat Fritz Wassmer Erfahrungen gesammelt. „Danach war ich infiziert, ich wollte beste Pinots wie in Frankreich auf unseren Böden machen. Kraftvolle Weine, mit einer klaren, sauberen Frucht und mit einer komplexen Struktur!", erzählt der Winzer.

Bei den Weißweinen findet der Ausbau sowohl im Holzfass als auch im Edelstahltank statt. Aromatypizität steht für Waßmer immer im Vordergrund und er bevorzugt einen langen Kontakt der Hefe mit dem Wein.

Die Spätburgunder werden komplett spontan vergoren, die Vinifikation orientiert sich stark am burgundischen Stil mit offener Maischegärung und einer bis zu 14 Monate dauernden Lagerung in jungen französischen Barrique-Fässern.

„Kompromisslos wird bei uns alles von Hand gelesen und nur bestes Lesegut kommt in den Keller. Die Traubenreife ist ausschlaggebend, so wie die Trauben im Weinberg schmecken, so wird der Wein. Was nicht in der Frucht ist, kann später nicht dazukommen", erklärt der Winzer.

IM WEINBERG

Der Rote Berg bei Kenzingen wird durch den Muschelkalkverwitterungsboden in der Oberschicht geprägt, wobei die Südlagen dieser Parzellen sich besonders schnell erwärmen. Die Löss-Lehmböden des Bienenbergs bei Malterdingen zeichnen sich durch einen guten Wasserhaushalt für die Reben aus. Dazu kommen Kleinterrassen und Steillagen in der Lage Sommerhalde in Bombach, Schlossberg in Achkarren sowie der Schlossberg in Staufen, der mit seiner sonnigen Südlage die Trauben perfekt reifen lässt.

WEINSORTIMENT

- Der *2015 Weißer Burgunder* aus dem Stahltank ist ein runder und voller Einstieg in die Waßmerschen Weißweine, mit seinen feinen Apfelaromen und seinem leicht nussigen Abgang.
- Ein rassig frisches Geschmackserlebnis bietet der *2015 Sauvignon Blanc* mit feinen Cassisaromen und einer herrlichen Säurestruktur.
- Auch der sortentypische *2015 Grauburgunder* ist geprägt von reifer Frucht und einer eleganten Säure, ohne aufsässig zu sein.
- Der *2014 Premium Weißburgunder „R"* ein Wein mit reifen Aromen, herrlicher Mineralität und einem langen Abgang, ist ein wunderbarer Begleiter zu Fisch und Schalentieren.
- Besonders rund und ausgewogen ist der *2015 Sauvignon Blanc „R"*, der aus den reifsten, besonders goldgelben Trauben der besten Lagen gewonnen wurde und

FRITZ WAßMER
14-534

8
BADEN
SEIT 1998
FRITZ WAßMER
14-522

Mit kleinsten Erträgen wird hier ein Spitzenburgunder präsentiert, der durch wunderbare Säure, volle stoffige Apfelaromen und einen schmelzig-rauchigen Abgang besticht.

zu den schönsten Weißweinen seiner Art zählt.

• Die lange Lagerung auf der Weinhefe macht den *2014 Chardonnay* zu einem sehr cremigen, elegant aromatischen Premiumwein, der durch seine volle Frucht und einen fein-würzigen Barriqueton besticht.

• Eine der letzten noch vorhandenen Flaschen des *2014 Viognier*, der Premiumklasse, überzeugt mit gelben Ananas- und Aprikosenfrüchten, die dem Wein seine kraftvolle Aromatik verleihen.

• Die Spitze der Qualitätsstufen bilden die Lagenweine: der *2013 Weißburgunder Schlossberg Staufen*. Mit kleinsten Erträgen wird hier ein Spitzenburgunder präsentiert, der durch wunderbare Säure, volle stoffige Apfelaromen und einen schmelzig-rauchigen Abgang besticht.

• Die gleiche Klasse haben der *2013 Chardonnay Schlossberg Staufen* mit großer Tiefe und Dichte und dennoch feiner Mineralität oder der *2013 Grauer Burgunder Sommerhalde Bombach*, der die Stärke dieser Rebsorte in Baden großartig unterstreicht.

• Noch kräftiger und dennoch voller Eleganz und von großartiger Struktur ist der *2013 Grauer Burgunder Achkarrer Schlossberg*.

• Natürlich sind die Spätburgunder die Visitenkarten des Hauses. Zum Einstieg sei der *2014 Spätburgunder* mit seinen anregenden Kirscharomen und seinem eleganten, samtigen Körper empfohlen.

• In die Königsklasse führt der *2013 Spätburgunder Alte Reben* ein herrlich fein strukturierter, extrem eleganter Burgunder mit vollen Fruchtaromen aus Steinobst, Aprikosen und Johannisbeeren. Aus Kenzingens Roter Berg kommen die bis zu 35 Jahren alten Reben.

• Der ganze Stolz des Winzers sind der *2013 Spätburgunder „XXL"* und der *2012 Spätburgunder „CCL"*: Pinots in Vollendung! Mit vielschichtigen, vollfruchtigen Aromen sind das Weine, die auf der Zunge tanzen, eine unglaubliche, leicht salzige Länge im Abgang und natürlich größtes Lagerungspotenzial haben. Das Weinmagazin Decanter hat den *2009 Spätburgunder „XXL"* zum besten Spätburgunder weltweit gekürt.

• Der *2012 Syrah trocken Barrique* mit 13,5 % vol. Alkohol, feinen Pfeffertönen und edlen Tanninen ist etwas für Experten.

GUTES ESSEN

ZUR KRONE
Hauptstraße 18
79189 Bad Krozingen-Biengen

HOTEL-GASTHOF KREUZ-POST
Hauptstraße 65
79219 Staufen

COLOMBI HOTEL
Rotteckring 16
79098 Freiburg

ÜBERNACHTEN

DIE KRONE
Hauptstraße 30
79219 Staufen

2014
WEISSER BURGUNDER „R“
QUALITÄTSWEIN
TROCKEN

ALKOHOL 13,5% vol.
SÄURE 5,4 g/l
RESTZUCKER 2,8 g/l

Der Premium-Weißburgunder. Im Barrique vergoren und ausgebaut. Viel Fülle, sehr komplex und voller reifer Aromen. Mit einzigartiger Finesse und Mineralität, langanhaltender Abgang.

2014
GRAUER BURGUNDER „R“
QUALITÄTSWEIN
TROCKEN

ALKOHOL 13,5% vol.
SÄURE 5,2 g/l
RESTZUCKER 3,9 g/l

Der Premium-Grauburgunder. Im Barrique vergoren und ausgebaut. Starker, voller Grauer Burgunder, geprägt vom Aroma vollreifer Trauben. Feine rauchige Noten mit einem Hauch Vanille vom Holzfassausbau.

2014
SPÄTBURGUNDER QBA
QUALITÄTSWEIN
TROCKEN

ALKOHOL 13% vol.
SÄURE 5,7 g/l
RESTZUCKER 1,5 g/l

Der Basisspätburgunder des Weingutes, wie die Premiumweine ebenfalls von Hand geerntet.
Ein typischer, feiner und warmer Burgunder, weich und voll am Gaumen mit schöner Dichte und feiner Frucht.

2013
SPÄTBURGUNDER ALTE REBEN
QUALITÄTSWEIN
TROCKEN

ALKOHOL 13,5% vol.
SÄURE 5,2 g/l
RESTZUCKER 2,9 g/l

Dieser Premiumwein wird aus über 30 Jahre alten Anlagen erzeugt. Charakteristisch sind die sehr geringen Erträge der auf Kalkstein gewachsenen Rebstöcke und somit die Konzentration von Aroma und Extrakt in den Trauben. Voller Finesse und Eleganz mit feiner Frucht und vollreifen Tanninen.

2013
SPÄTBURGUNDER XXL
QUALITÄTSWEIN
TROCKEN

ALKOHOL 13,5% vol.
SÄURE 5,0 g/l
RESTZUCKER 2,9 g/l

Der Name ist Programm! Stellt die obere Spitze der Qualitätspyramide bei den Spätburgundern unseres Weingutes dar. Sehr komplexer, sehr, sehr dichter Spätburgunder mit festen Tanninen und großem Potenzial.

2012
SYRAH QUALITÄTSWEIN
TROCKEN BARRIQUE

ALKOHOL 13,5% vol.
SÄURE 5,9 g/l
RESTZUCKER 2,3 g/l

Der Syrah gehört seit den Anfängen des Weingutes zu den sehr erfolgreichen Rebsorten, er hat schon dreimal den Deutschen Rotweinpreis (VINUM) gewonnen. Ein typisches Sortenaroma mit feinem Pfefferton. Reif, dicht mit festen, edlen Tanninen, Struktur und Balance. Eleganter, stoffiger Nachhall.

UNSERE PHILOSOPHIE

Mit Fingerspitzengefühl und durch kleine Erträge entstehen in Top-Lagen terroirbetonte, charaktervolle, elegante und tiefgründige Weine.

MARTIN WASSMER

Weingut Martin Waßmer

Das Jahr 2012 war ein ganz besonderes für den Markgräfler Winzer aus Schlatt bei Bad Krozingen. Vom „Sonderpreis“ des Vinum Deutscher Rotweinpreis für eine hervorragende Kollektion über Jahre hinweg, über die Auszeichnung „Weingut des Jahres“ des Schlemmer Atlas, bis zu erstklassigen Bewertungen in den Weinführern Gault Millau und Eichelmann und Decanter World Wine Awards, London für Rot- und Weißweine und einer Medaille für seinen Chardonnay des Chardonnay Du Monde, Frankreich, sammelte Martin Waßmer Auszeichnungen fast schon am Fließband.

18

INHABER
Martin Waßmer

ADRESSE
Am Sportplatz 1
79189 Bad Krozingen
Telefon: 07633 15292
wassmer-krozingen@t-online.de
www.weingut-wassmer.de

ÖFFNUNGSZEITEN
Montag bis Samstag 9–18 Uhr
April bis Juni täglich (auch sonn- und feiertags) 8–20 Uhr

Zu einer Weinprobe außerhalb der Öffnungszeiten sind Sie nach vorheriger telefonischer Terminvereinbarung jederzeit herzlich willkommen.

GAULT MILLAU

★★★★
EICHELMANN

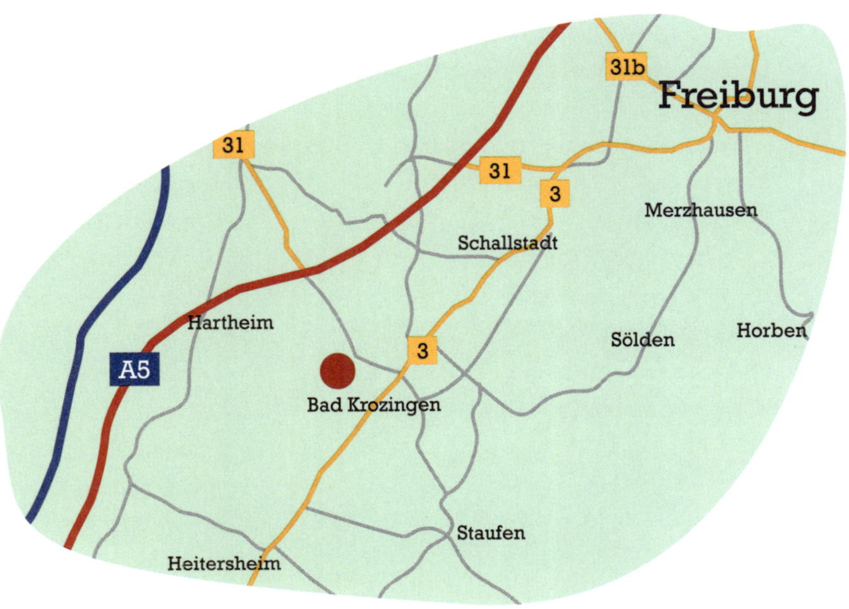

Der gelernte Koch weiß, dass Weine über den Geschmack entdeckt werden wollen, er lässt seine Weine lange und in Ruhe reifen.

LAGEN
Dottinger Castellberg
Schlatter Maltesergarten
Laufener Altenberg
Auggener Letten
Ehrenstetter Ölberg
Staufener Schlossberg

REBFLÄCHE
30 Hektar

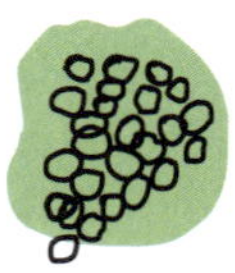

REBSORTEN
Weißburgunder
Grauburgunder
Sauvignon Blanc
Gutedel
Müller-Thurgau
Riesling
Muskateller
Gewürztraminer
Blauer Spätburgunder

JAHRESPRODUKTION
170.000 Flaschen

„Man muss seinen ganz eigenen Stil finden, hier in Baden. Ich habe immer meine eigene Richtung verfolgt und will ausdrucksstarke, kräftige Weine machen, die aber auch stets eine filigrane Eleganz und Fruchtigkeit ausweisen müssen. Es kommt halt auf die Harmonie an!", erzählt der zurückhaltende Winzer mit ruhiger Stimme und freut sich über die anhaltende nationale und internationale Anerkennung seiner kontinuierlichen Arbeit.

Der Terroir-Gedanke, die tausendjährige Weintradition des Markgräflerlands, die klimatischen Besonderheiten und die teilweise extremen Steillagen sind Grundvoraussetzungen für Waßmer, um seine großartigen Weiß- und Rotweine in ihrer Entstehung „zu begleiten", wie er es nennt. Der Dottinger Castellberg ist das jüngste Filetstück seiner Top-Lagen, die den Schlatter Maltesergarten, Laufener Altenberg, Auggener Letten und den Ehrenstetter Ölberg umfassen. „Der Boden des Castellberg erinnert durch seinen hohen Anteil an Kalkstein, Muschelkalk und Kalkmergel an das Burgund und ist somit prädestiniert für ausgezeichnete Burgundersorten, weiß wie rot!", begeistert sich Waßmer.

Der gelernte Koch weiß, dass Weine über den Geschmack entdeckt werden wollen, er lässt seine Weine lange und in Ruhe reifen.

IM WEINBERG

„Ich arbeite sehr umweltschonend und naturnah, am Castellberg fast wie ein Biobetrieb. Ich bin jedoch nicht zertifiziert. Die Reben sind mit Klee-Gras-Gemisch eingesät. Es wird auch mit organischem Dünger gearbeitet, in den Steillagen alles von Hand. Die hohe Ertragsreduzierung kommt selbstverständlich der Gesundheit der Trauben zugute."

IM WEINKELLER

Wie viele Privatweingüter unterscheidet Martin Waßmer drei Qualitätsstufen: Qualitätsweine, die Spätlesen Exklusivweine SW (Selektion Waßmer) und seine Spitzengewächse GC (Grand Cru).

Schon die überwiegend trocken ausgebauten „einfachen" Weiß- und Grauburgunder, der Sauvignon Blanc, natürlich der landschaftstypische Gutedel, der immer präsente Müller- Thurgau, der Riesling, Muskateller oder Gewürztraminer des Jahrgangs 2014 überzeugen durch Kraft, Spritzigkeit und Frucht.

Beste Burgunderklone, teils uralte Reben, stark reduzierte Erträge gerade bei den Spätlesen, viel Handarbeit und ein optimierter Lesezeitpunkt sind Waßmers Erfolgsgeheimnis. Dann folgt eine schonende Lese.

Der Winzer setzt auf spontane Maischegärung im offenen Holzbottich und eine lange Maischestandzeit, die bei den Weißweinen bis zu 12 Stunden gehen kann und bei Rotweinen – durch Kaltmazeration bei 10°C – bis zu 2 ½ oder 3 Wochen.

„Der Boden des Castellberg erinnert durch seinen hohen Anteil an Kalkstein, Muschelkalk und Kalkmergel an das Burgund."

Die Qualitätsstufen SW und GC werden dann im kleinen Barrique weiter ausgebaut. Im Fass dauert der Reifeprozess bis zu 18 Monaten, die Weine werden ungefiltert auf die Flaschen gezogen.

WEINVERKOSTUNG

• Sein *2014 Auggener Letten Grauer Burgunder GC* mit hellgoldener Farbe, feinen Aromen von Birnen, gebackenen Äpfeln und dezenten Honignoten ist ein cremiger, gut strukturierter Grauburgunder, der auch mit feiner Säure überzeugt.
• Voller hellgelber Farbtöne mit grünen Reflexen ist der *2014 Dottinger Castellberg Weißer Burgunder GC* sanfte feine Zitrus-, Birne-, Nuss- und Honigmelonearomen, eingebundene Säure und ein sehr langer, angenehmer Abgang machen einfach Spaß.
• Der *2011 Schlatter Maltesergarten Spätburgunder*, als trockener Barrique ausgebaut, duftet nach reifen Sauerkirschen und Brombeeren, hat feine mineralische Noten, schmeckt nach Vanille, Kakao und Röstaromen und erfreut im würzigen Abgang mit einem Hauch von Trüffel.
• Auch der *2012 Schlatter Spätburgunder SW* mit kandierter Schwarzkirschenfrucht und würzigen Schokoladennoten im Hintergrund ist ein saftiger, säurebetonter Spätburgunder.
• Besonders stolz ist der Chef auf seinen *2013 Dottinger Castellberg Pinot Noir GC*, einen purpurfarbenen Wein mit dezenten Himbeer- und Kirschnoten, eleganter Holzwürze, schöner Mineralität und hohem Alterungspotenzial.
• Auch im oft sträflich vernachlässigten Süßweinbereich kann Waßmer bestens auftrumpfen: die *2009 Ehrenstetter Ölberg Gewürztraminer Trockenbeerenauslese*, die *2009 Dottinger Castellberg Weißer Burgunder Beerenauslese* oder die *2008 Muskateller Alte Reben Beerenauslese* müssen empfohlen werden.

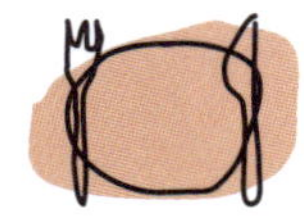

GUTES ESSEN

GASTHAUS SPIELWEG
Spielweg 61
79244 Münstertal

ZUM STORCHEN
Felix-und-Nabor Straße 2
79189 Bad Krozingen-Schmidhofen

HOTEL RESTAURANT HIRSCHEN
Hauptstraße 69
69295 Sulzburg

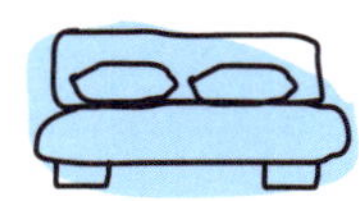

ÜBERNACHTEN

ROMANTIKHOTEL SPIELWEG
Spielweg 61
79244 Münstertal

2011
SCHLATTER
MALTESERGARTEN
SPÄTBURGUNDER QbA
TROCKEN

ALKOHOL 13,5% vol.
SÄURE 5,1 g/l
RESTZUCKER 1,5 g/l

Purpurfarben mit kirschroten Reflexen. In der Nase sehr klassische Aromen von Sauerkirsche, Himbeere, Brombeere und einem Hauch von dunkler Schokolade. Fast pfeffrige Würze und verhaltene Orangeat-Noten verstecken sich im Hintergrund. Am Gaumen saftig mit reifen Tanninen, ausgewogenem Körper und guter aromatischer Länge. Kirschfrucht und Beerennoten im Hintergrund, dezent von würzigen Anklängen unterlegt.

2012
SCHLATTER
MALTESERGARTEN
SPÄTBURGUNDER SW QbA
TROCKEN

ALKOHOL 13,5% vol.
SÄURE 6,2 g/l
RESTZUCKER 2,6 g/l

Purpurfarben mit granatroten Reflexen. Feine Frucht erinnert an kandierte Schwarzkirschen, feine Beerenfrucht, besonders Maulbeeren und Brombeere. Dezent würzige Noten und ein Hauch Schokolade im Hintergrund. Am Gaumen saftig mit guter Tanninstruktur und guter Länge.

2014
AUGGENER LETTEN
GRAUER BURGUNDER GC
SPÄTLESE
TROCKEN

ALKOHOL 13,5% vol.
SÄURE 5,7 g/l
RESTZUCKER 0,8 g/l

Ein Grauburgunder mit hellgoldener Farbe. In der Nase klar mit feinen Aromen von getrockneten Birnen, gebackenem Apfel, dezenten Honignoten und einem Hauch milder Gewürze, Haselnuss sowie feine Noten von Vanille und Karamell im Hintergrund. Am Gaumen saftig mit feinen Röstaromen, nussigen Noten, reifer Frucht und Vanille. Gutes Mundgefühl und cremiger Schmelz, feine Säure und gute Struktur. Ein Wein mit Dichte und Länge, der durch feine Holzwürze geprägt wird.

2013
DOTTINGER CASTELLBERG
PINOT NOIR GC QbA
TROCKEN

ALKOHOL 13,5% vol.
SÄURE 5,9 g/l
RESTZUCKER 2,0 g/l

Purpurfarbener Wein mit leicht violetten Reflexen. In der Nase sehr elegante, klassische Aromen. Dezente Anklänge von Süßkirschen, Himbeeren und Sauerkirschen. Feine Röstaromen im Hintergrund. Am Gaumen saftig mit reifer Beerenfrucht, Kirscharomen und eleganter Holzwürze. Ein ausgezeichneter Wein mit Eleganz und schöner Mineralität und hohem Potential (Potenzial?).

2014
DOTTINGER CASTELLBERG
WEISSER BURGUNDER GC
SPÄTLESE
TROCKEN

ALKOHOL 13,5% vol.
SÄURE 6,0 g/l
RESTZUCKER 0,6 g/l

Ein toller Weißer Burgunder mit hellgelben Farbtönen sowie grünen Reflexen. In der Nase sauber, klar, feine Frucht, Birne, Honigmelone, Zitrusnoten, Haselnuss, Nougat, Brioche, feine Röstaromen, mineralische Töne im Hintergrund. Am Gaumen sauber, saftig und dicht gewoben mit guter Länge, feiner Mineralität, gut eingebundener Säure und angenehmem Finale. Feine Röstaromen und Vanillenoten. Länge und Tiefe.

2014
MARKGRÄFLERLAND
GRAUER BURGUNDER
SPÄTLESE
TROCKEN

ALKOHOL 13,5% vol.
SÄURE 5,9 g/l
RESTZUCKER 1,0 g/l

Ein klassischer Grauburgunder, dessen Farbe sich durch ein helles Gelb mit jugendlich grünen Reflexen auszeichnet. Das opulente Aromenspiel erinnert an geröstete Mandeln, saftige Williamsbirnen, reifen Apfel sowie eine Spur Honig. Am Gaumen ein opulenter Wein, der jedoch durch seine Säure sehr viel Frische erhält, ein feiner Tropfen mit guter Struktur und Länge.

UNSERE PHILOSOPHIE

Ausgezeichnete Weine mit „Seele" und Individualität nach ökologischen Grundsätzen im Familienbetrieb kultiviert – das ist unsere Leidenschaft. Bereits seit 1991 werden die Weinberge kontrolliert ökologisch bewirtschaftet. Das intakte Ökosystem, intensive Arbeit am Rebstock, Kompetenz und große Sorgfalt im Weinkeller bringen Weine mit Charakter hervor.

MARKUS WÖHRLE

Weingut Wöhrle

Der Weinbautechniker Hans Wöhrle und sein Vater hatten als Nebenerwerbswinzer schon lange rund 8 Hektar Reben im Lahrer Umfeld bewirtschaftet.

1979 fusionierte das renommierte, aber in eine wirtschaftliche Schieflage geratene städtische Weingut Stadt Lahr mit dem privaten Weinbaubetrieb der Wöhrles. Es hat sich inzwischen durch zahlreiche Sanierungs- und Erweiterungsmaßnahmen zu einem hochmodernen – und seit 1987 sukzessive zu einem ökologischen – Weingut der Spitzenklasse entwickelt.

2013 übernahm Markus Wöhrle den schmucken Familienbetrieb, der seit 2004 Mitglied im Verband der Deutschen Prädikatsweingüter (VDP) ist, und taufte ihn in „Weingut Wöhrle" um.

19

INHABER
Markus und Tanja Wöhrle

ADRESSE
Weinbergstraße 3
77933 Lahr
Telefon 07821 253 32
info@woehrle-wein.de
www.woehrle-wein.de

ÖFFNUNGSZEITEN
Montag bis Freitag 17–19 Uhr
Samstag 10–14 Uhr
und gerne nach telefonischer Vereinbarung

GAULT MILLAU

★★★★½
EICHELMANN

AUSGEZEICHNET IM FALSTAFF WEINGUIDE

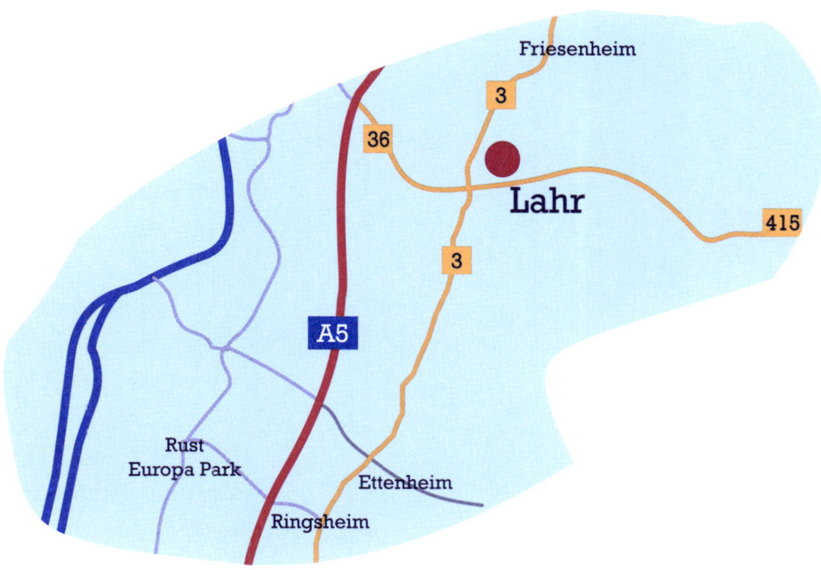

„Da wir hier schon in der Vorbergzone des Schwarzwalds liegen, in der die Nächte immer etwas kühler sind, haben unsere Weine eine elegante Fruchtsäure."

LAGEN
Lahrer Kronenbühl
Lahrer Herrentisch
Lahrer Kirchgasse
Lahrer Gottsacker

REBFLÄCHE
15 Hektar

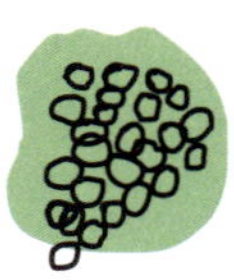

REBSORTEN
Müller-Thurgau
Riesling
Auxerrois
Spätburgunder
Weißburgunder
Grauburgunder
Chardonnay

JAHRESPRODUKTION
100.000 Flaschen

Gelernt hat der in Geisenheim studierte Önologe Markus Wöhrle auch bei Wendelin Brugger, einem Vorkämpfer des Ökoweins, bevor er stellvertretender Betriebsleiter bei Müller-Catoir wurde und dann 2002 in den elterlichen Betrieb zurückkehrte.

Die Weine der Familie Wöhrle bestechen durch eine klare, exquisite und säurebetonte Stilistik. Sie zeichnen sich durch Frische, sortenreine Fruchtigkeit und eine animierende Saftigkeit aus.

„Da wir hier im Breisgau um Lahr schon in der Vorbergzone des Schwarzwalds liegen, in der die Nächte immer etwas kühler sind, haben unsere Weine eine elegante Fruchtsäure. Wir wollen das Aroma der vollreifen Trauben ins Glas bringen", erklärt Wöhrle. „Bei uns steht der Weißwein, der 75 % unserer Rebfläche belegt, im Vordergrund. Es gibt wenige Terroirs in nördlichen Anbaugebieten, die so stilvolle Weißweine hervorbringen können."

IM WEINBERG

Das Terroir, also das Zusammenspiel von Mikroklima, Geologie, Topographie, Bodenbeschaffenheit und Weinbaukunst, bestimmt den Wein. „Eine natürliche und artenreiche Begrünung, ein intaktes Ökosystem, lebendige und fruchtbare Weinbergböden, das gibt den Reben die Möglichkeit, Nährstoffe aufzunehmen und macht sie widerstandsfähiger gegen Pilze und Krankheiten", erklärt Wöhrle seine Weinbergphilosophie.

WEINSORTIMENT

Die Wöhrles unterscheiden bei ihren Weinen VDP.GUTSWEINE, VDP.ORTSWEINE, Weine aus der VDP.ERSTEN LAGE und aus der VDP.GROSSEN LAGE.

• Bei den Gutsweinen ist es ein fruchtiger *2015 Müller-Thurgau trocken* der sich in der regionalen Gastronomie gut verkauft und als Vesperwein bestens geeignet ist. Auf Kabinettniveau, Ortsweine, besticht ein delikater, filigran-fruchtiger *2015 Riesling* durch Klarheit, während der *2015 Auxerrois trocken* mit seinen verspielten, beerigen Aromen, mit seiner Mineralität und leichten Salzigkeit ein wunderbar vielschichtiger Vorspeisenbegleiter ist.

• Der fruchtige *2015 Spätburgunder Rosé trocken* passt mit seinen feinen Gerbstoffstrukturen wunderbar zu Grillgerichten. Seine Spätburgunder-Trauben werden teils gepresst, teils aber auch als Saftabzug von hochwertigen Spätburgunderlagen später dazugefügt.

• Der *2015 Weißburgunder trocken* überzeugt mit gelbfleischigen Aromen und feiner Säurestruktur.

utter Johanna Wöhrle
inem Vater Werner
0. Geburtstag gewidme
Herbst 1984

Diese sehr alten Klone aus dem Burgund sind die Basis für einen eindrucksvoll strukturierten Rotwein der Pinot-Noir-Spitzenklasse, mit dunklen Fruchtaromen und dezenten Holztönen.

• Etwas würziger, an trockenes Gras erinnernd, mundet der *2015 Grauburgunder trocken.*
• Alle Ortsweine werden bei ca. 90° Öchsle geherbstet und kommen dann in Stahltanks. Für Markus Wöhrle bleibt so das besondere Traubenaroma dieser feinen, finessereichen und vergleichbar leichten Weine – generell ca. 12% vol. Alkohol – am besten erhalten.
• Die Weine der VDP.ERSTEN LAGE aus dem Lahrer Kronenbühl waren ehemals als Spätlesen klassifiziert. Neben Riesling und Chardonnay sind es hier die Weiß- und Grauburgunder, die mit ihrer intensiven Frucht, der Mineralität und Salzigkeit überzeugen, ohne dass der höhere Alkoholgehalt dominiert. Die Ernten kommen zu 60% ins Stahlfass und zu 40% in mehrfach belegte Barriquefässer. Dort werden sie spontan vergoren und nach den jeweiligen Reifeprozessen wieder zusammengeführt. So entstehen auch im Lagenbereich keine schweren, holzlastigen Weine, sondern die fruchtige, würzige, säurebetonte Linie des Weinguts wird konsequent fortgesetzt.
• 2014 gelangen beim Weißburgunder von dem kleinen und besten Gewann Lahrer Herrentisch und beim Grauburgunder von der Lahrer Kirchgasse wieder Große Gewächse. Hier werden die Trauben extrem reduziert, es gibt bis zu 12 Stunden Maischestandzeiten und die Spontanvergärung wird in 500 Liter Holzfässern herbeigeführt. So entsteht bei diesen Spitzenweinen eine kühle, vielschichtige, höchst mineralische Aromenvielfalt, die einfach begeistert.
• 2013 gelang auch ein Großes Gewächs beim Spätburgunder von der Lahrer Kirchgasse. Diese sehr alten Klone aus dem Burgund sind die Basis für einen eindrucksvoll strukturierten Rotwein der Pinot-Noir-Spitzenklasse, mit dunklen Fruchtaromen und dezenten Holztönen. Die Spätburgunder Rotweine des Weinguts schmecken auch als einfachere Gutsweine lebendig und verspielt. Als Lagenweine sind sie vielschichtig und gehaltvoll.

SONST NOCH

Die Kunden kommen aus Deutschland, Holland und verstärkt aus den USA. Das Weingut Wöhrle unterstreicht eindrucksvoll, wie ökologischer Weinbau und höchste Qualität bei ganz eigener, konsequenter Stilistik zum nachhaltigen Erfolg führen können.

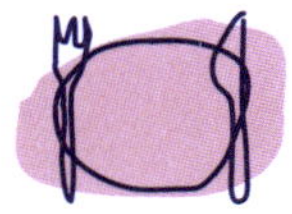

GUTES ESSEN

HOTEL RESTAURANT GASTHAUS ADLER
Familie Fehrenbacher
Reichenbacher Hauptstraße 18
77933 Lahr

RESTAURANT HOTEL GRÜNER BAUM
Familie Martin Feger
Burgheimer Straße 105
77933 Lahr

HOTEL RESTAURANT SCHWANEN
Gärtnerstraße 1
77933 Lahr

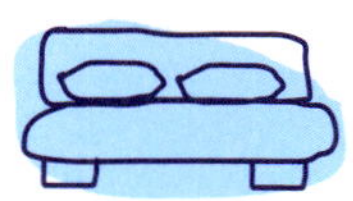

ÜBERNACHTEN

HOTEL ADLER
Familie Fehrenbacher
Reichenbacher Hauptstraße 18
77933 Lahr

2015
LAHRER AUXERROIS
TROCKEN
VDP.ORTSWEIN

ALKOHOL 12,5% vol.
RESTZUCKER 2,7 g/l
SÄURE 6,3 g/l

Feiner Duft nach gelben Früchten. Eleganter, saftiger Wein mit animierendem Geschmackerlebnis.

2015
LAHRER KRONENBÜHL
WEISSBURGUNDER
TROCKEN
VDP.ERSTE LAGE

ALKOHOL 13,5% vol.
RESTZUCKER 2,1 g/l
SÄURE 6,4 g/l

Feiner, mineralischer Weißburgunder. Toller Essensbegleiter.

2014
LAHRER KIRCHGASSE
GRAUBURGUNDER GG
VDP.GROSSE LAGE

ALKOHOL 13,5% vol.
RESTZUCKER 2,4 g/l
SÄURE 5,4 g/l

Komplexer Grauburgunder. Vielfältige Aromen, besticht durch seine Finesse und Vielschichtigkeit im Gaumen. Geschmacksexplosion!

2014
LAHRER KRONENBÜHL
SPÄTBURGUNDER
VDP.ERSTE LAGE

ALKOHOL 13,0% vol.
RESTZUCKER 1,2 g/l
SÄURE 5,6 g/l

Spätburgunder, der durch Duft nach schwarzen Beeren besticht. Feine Textur und Mineralität. Komplexer, animierender Abgang.

UNSERE PHILOSOPHIE

Im Einklang mit der Natur und der überlieferten Familientradition arbeiten wir an der Entstehung von charaktervollen, authentischen Spitzenweinen. Besonders stolz sind wir auf unsere Pionierarbeit im biologischen und biologisch-dynamischen Weinbau und dem daraus resultierenden einzigartigen Terroir unserer Weinberge.

FABIAN ZÄHRINGER

Weingut Wilhelm Zähringer

Fabian Zähringer ist die sechste Generation, die im elterlichen Traditionsbetrieb in Heitersheim so langsam die Verantwortung übernimmt. Seit 1844 bauen die Zähringers im Markgräflerland Wein an, seit Ende der 1980er Jahre experimentieren Vater Wolfgang Zähringer und Paulin Köpfer, der die gutseigenen Reben bewirtschaftet, mit dem biologischen und seit 2005 mit dem biologisch-dynamischen Weinbau und haben sich immer wieder als echte Pioniere erwiesen, beispielsweise bei der Begrünungs- und Lockerungstechnik im Weinberg. Seit 2010 ist das Weingut als Demeter-Betrieb zertifiziert.

20

INHABER
Wolfgang und Fabian Zähringer

ADRESSE
Johanniterstraße 61
79423 Heitersheim
Telefon 07634 50489 0
info@weingut-zaehringer.de
www.weingutzaehringer.de

ÖFFNUNGSZEITEN
Montag bis Freitag 9–12 Uhr und 14–18 Uhr
Samstag 10–13 Uhr
Sie können auch jederzeit einen Termin mit uns vereinbaren.

GAULT MILLAU

★

EICHELMANN

Bei Zähringers wird gar nicht mehr gedüngt, weil gezielte Einsaaten für lebendige Biodiversität sorgen und damit die Böden autark werden.

LAGEN
Heitersheimer Sonnhohle
Heitersheimer Maltesergarten
Staufener Schlossberg
Dottinger Castellberg
Betberger Maltesergarten

REBFLÄCHE
15 Hektar (zzgl. 40 Hektar Erzeugergemeinschaft)

REBSORTEN
Gutedel
Spätburgunder
Grauburgunder
Müller-Thurgau
Weißburgunder
Chardonnay
Sauvignon Blanc
Gewürztraminer
Johanniter
Merlot
Cabernet Franc

JAHRESPRODUKTION
ca. 350.000 Flaschen

„Biologischer Weinbau fängt in den Reben an, wir wollen die Natur, unser Terroir, in die Flasche bringen!", erzählt Wolfgang Zähringer. „Wir wollen stimmige, elegante, langlebige Weine erzeugen und sind stolz auf unsere Sortenvielfalt." Natürlich wird auf Kunstdünger verzichtet, es wird bei Zähringers gar nicht mehr gedüngt, weil gezielte Einsaaten für lebendige Biodiversität sorgen und damit die Böden autark werden. Markgräflerland ist Gutedelland und im Weingut Zähringer kann man besonders gelungene Vertreter dieses Markgräfler Klassikers verkosten.

IM WEINBERG

Die Heitersheimer Sonnhohle ist die kleinste und beste Einzellage mit insgesamt nur 7 Hektar. Der Boden des sich sanft neigenden Südhangs ist mal Löss, mal toniger Lehm, hier werden ausschließlich Burgundersorten und Gewürztraminer sowie Sauvignon Blanc angebaut.

Der Heitersheimer Maltesergarten ist eine große Einzellage, die sich von Heitersheim bis Betberg erstreckt. Zum Weingut gehören mittlere bis größere Lössterrassen. Diese sind im Topbereich mit Burgundersorten und Chardonnay bepflanzt.

Neben den eigenen Weinbergen mit insgesamt 15 Hektar Flächen betreiben Zähringers eine Demeter-zertifizierte Erzeugergemeinschaft, die weitere 40 Hektar Fläche ausweist.

Für jede Sorte und Lage muss der optimale Reifezeitpunkt getroffen werden, Handlese ist selbstverständlich, das langsame Pressen der Beeren – je nach Wein auch mit Ganztraubenanteil – und, wenn immer möglich, die Spontangärung im Edelstahltank oder im 600 Liter fassenden Vierligfass oder im Barrique, sind alles Bestandteile der Philosophie des Hauses: soviel Freiheit wie möglich, so wenig Eingriffe wie nötig.

WEINSORTIMENT

Die Gutsweine des Hauses stammen aus den ertragsreduzierten Reben der Heitersheimer Sonnhohle, dem Maltesergarten und dem Castellberg.

Die Weißweine – hier wird auf sortentypische, charaktervolle und klare, frische Weine gesetzt – werden im Stahltank, die Rotweine alle im Holzfass ausgebaut.

• Der *2015 Gutedel trocken* ist der Markgräfler „Viertele-Wein" schlechthin. Sein zarter Duft nach Stachelbeeren und grünem Apfel, das feine Bukett nach Walnüssen und Bittermandel, seine fruchtige Säure machen ihn zum idealen Essensbegleiter für Fisch, Geflügel, Spargel und leicht gewürzte Fleischspeisen. Er wird schön gekühlt bei 8°C getrunken.

Das Markgräfler Vierlig ist die alemannische Bezeichnung für ein kleines 600 Liter-Fass, das aus der badischen Eiche gefertigt wird. Wolfgang Zähringer hat dieses Fass wiederentdeckt, er lässt seinen Vierlig-Gutedel im Fass bis März auf der Hefe reifen.

• Der *2015 Gutedel Vierlig trocken* ist ein leichter, sehr bekömmlicher, säurearmer

125 Jahre

Wilhelm Zähringer

Heitersheim

allegro
2008

„Der Gutedel ist ein Wein mit extremer Bandbreite, einem riesigen Potenzial und weit mehr als ein Vesperwein."

Gutedel, herrlich ausbalanciert, mit würzigem Bukett und Beerenfrüchtenaromen und einem fülligem Abgang. Auch dieser Gutedel wird meist jung getrunken, hat aber bis zu vier Jahre Lagerungspotenzial.

„Der Gutedel ist ein Wein mit extremer Bandbreite, einem riesigen Potenzial und weit mehr als ein Vesperwein", schwärmt Fabian Zähringer, „der Gutedel und das Markgräflerland sind immer noch ein Schatz, den es zu heben gilt!"

- Zu den Gutsweinen der Zähringer gehören Müller-Thurgau, Johanniter, Sauvignon Blanc, Weißburgunder, Grauburgunder, Chardonnay, Gewürztraminer, Cabernet Cuvée, Spätburgunder, Merlot, Cabernet Franc und Frühburgunder.
- Der *2015 Spätburgunder Rose trocken* ist ein großartiger, herrlich fruchtiger Sommerwein. Mit Aromen nach Äpfeln, Kirschen, Oleanderblüten und Nüssen, gut strukturierter Säure und einem knackigen Abgang.
- Mehrfach ausgezeichnet ist der *2013 Spätburgunder Vierlig trocken.* Dunkle Beerenfrüchte, schwarze Kirschen im Aroma, feine Gerbstoffe und gut eingebundenes Tannin, ein nachhaltiger voller Abgang machen diesen herrlich schmelzigen Rotwein zu einem besonderen Vergnügen.
- Die Selektionsweine und die Edition Zähringer Löwen sind die Spitzenprodukte des Hauses. Neben den weißen Burgundersorten sei hier stellvertretend der *2015 Pinot Noir „SR" trocken* mit seiner karminroten Farbe, seiner rauchigen Würze, den dunklen Frucht- und Schokoladenaromen, seiner dennoch feinen Eleganz sowie seinem fulminanten Abgang erwähnt. Der Wein wird sein volles Potenzial erst in 3 bis 4 Jahren erreichen.

SONST NOCH

Das sehr reelle Preis-Leistungsverhältnis der gesamten Kollektion muss mehr als lobend erwähnt werden. Und es ist wohl den Senioren im Weingut zu verdanken, dass so viele, auch kleinere Rebsorten weiter gepflegt und ausgebaut werden. Ein Besuch im Weingut ist die Reise allemal wert.

GUTES ESSEN

RESTAURANT KRONE
Hauptstraße 12
79423 Heitersheim

HOTEL RESTAURANT HIRSCHEN
Hauptstraße 69
79295 Sulzburg

WALDHOTEL BAD SULZBURG
Badstraße 67
79295 Sulzburg

ÜBERNACHTEN

HOTEL OX
Im Stühlinger 10
79423 Heitersheim

2012
HEITERSHEIMER SONNHOHLE SPÄTBURGUNDER SZ (SELEKTION ZÄHRINGER) TROCKEN

ALKOHOL 12,5% vol.
SÄURE 4,5 g/l
RESTZUCKER 1,8 g/l

Fruchtbare Lehm- und Lössböden im Markgräflerland, Bukett von Beerenfrüchten und Gewürzen, würziger Abgang. Barriqueausbau.

2015
HEITERSHEIMER MALTESERGARTEN GUTEDEL VIERLIG

ALKOHOL 10,5% vol.
SÄURE 3,0 g/l
RESTZUCKER 0,7 g/l

Fruchtbare Lehmböden, Bukett von Nüssen und Mandeln, von rotem Apfel und etwas Minze, in Holzfässern bad. Eiche vergoren.

2015
HEITERSHEIMER MALTESERGARTEN SAUVIGNON BLANC

ALKOHOL 13,0% vol.
SÄURE 6,0 g/l
RESTZUCKER 5,0 g/l

Fruchtbare Lehmböden, leichter, trockener Weißwein, frische Aromen von u. a. Holunderblüte, Minze, Limone.

2014
CRÉMANT
SEHR TROCKEN

ALKOHOL 12,0% vol.
SÄURE 5,5% g/l
RESTZUCKER 7,0 g/l

Fruchtbare Lehmböden und tiefgründige Lössböden, zarter Duft nach Croissant, Zitrusaromen, feinem Mineralkalk.

2012
CHARDONNAY SZ
(SELEKTION ZÄHRINGER)
TROCKEN

ALKOHOL 12,5% vol.
SÄURE 4,5 g/l
RESTZUCKER 1,8 g/l

Duft von Mirabellen, Quitte, Lychee, Melone und Zitrusfrüchten. Harmonisch. Mineralisch. Cremig. Barriqueausbau. Lössboden.

2009
GRAUBURGUNDER
BEERENAUSLESE
GRANDE RESERVE

ALKOHOL 15,5% vol.
SÄURE 5,9 g/l
RESTZUCKER 39,2 g/l

Fruchtbare Lehmböden und tiefgründige Lössböden, Geschmack nach hochreifen Früchten, Dörrobst, Honig, Karamell, zartes Röstaroma, frische Aromen von Melisse und Orangenschale, Barriqueausbau.

Badische Winzer Band 2
ist bereits in Vorbereitung. Freuen Sie sich auf:

DÖRFLINGER
VON GLEICHENSTEIN
KLAUS HERMANN
HUNN
KARLE
KONSTANZER
ANDREAS LAIBLE
LANDERER
MICHEL
SCHÄTZLE – SCHELINGEN
SCHLOSSGUT EBRINGEN
SCHLUMBERGER
CLAUS SCHNEIDER
REINHOLD UND CORNELIA SCHNEIDER
STIGLER
WG DURBACH
WG ACHKARREN
WG SASBACH
ZALWANDER
ZIEREISEN

IMPRESSUM

isbn 978-3-9815555-9-2
HERAUSGEBER: Christian Hodeige und Michael Wissing
FOTOGRAFIE: Michael Wissing BFF
FOTOASSISTENT: Paul Jaroslawski
TEXT: Christian Hodeige
REDAKTIONS- UND PRODUKTIONSLEITUNG: Corinna Gabrisch
LAYOUT, ILLUSTRATION UND SATZ: Sanna Andrée-Müller
DRUCK: Poppen+Ortmann

[edition] rombach
info@edition-rombach.de

Rombach Edition KG
Neudorfstr. 1
79297 Winden
www.editon-rombach.de

Alle Adressen auf einen Blick.

1 WEINGUT BERCHER
Arne & Martin Bercher
Mittelstadt 13
79235 Vogtsburg-Burkheim
Telefon: 07662 212
info@weingutbercher.de
www.weingutbercher.de

2 ENDERLE UND MOLL
Sven Enderle und Florian Moll
Hinterhöfen 4
77955 Münchweier
info@enderle-moll.de
www.enderle-moll.de

3 WEINGUT OTTO & MARTIN FREY
Martin Frey
Im Brühl 1
79211 Denzlingen
Telefon: 07666 5253
info@frey-weine.de
www.frey-weine.de

4 WEINGUT GRETZMEIER
Heinrich Gretzmeier
Wolfshöhle 3
79291 Merdingen
Telefon: 07668 94230
weingut-gretzmeier@gmx.net
www.gretzmeier.de

5 WEINGUT DR. HEGER
Joachim Heger
Bachenstraße 19–21
79241 Ihringen
Telefon: 07668 99511 0
info@heger-weine.de
www.heger-weine.de

6 WEINGUT HEINEMANN
Lothar Heinemann
Mengener Straße 4
79238 Ehrenkirchen-Scherzingen
Telefon: 07664 6351
weingut-heinemann@t-online.de
www.weingut-heinemann.de

7 WEINGUT HÖFFLIN
Matthias Höfflin
Schambachhof
79268 Bötzingen
Telefon: 07663 1474
info@weingut-hoefflin.de
www.weingut-hoefflin.de

8 WEINGUT BERNHARD HUBER
Barbara Huber
Heimbacher Weg 19
79364 Malterdingen
Telefon: 07644 929 7220
info@weingut-huber.com
www.weingut-huber.com

9 WEINGUT KARL H. JOHNER
Karl Heinz und Patrick Johner
Gartenstraße 20
79235 Vogtsburg-Bischoffingen
Telefon: 07662 6041
info@johner.de
www.johner.de

10 WEINGUT FRANZ KELLER
Fritz Keller
Badbergstrasse 44
79235 Vogtsburg-Oberbergen
Telefon: 07662 933 00
keller@ franz-keller.de
www.franz-keller.de

11 WEINGUT KNAB
Regina und Thomas Rinker
Im Hennengärtle 1a
79346 Endingen
Telefon: 07642 61 55
knabweingut@t-online.de
www.knabweingut.de

12 WEINGUT HOLGER KOCH
Holger Koch und
Gabriele Engesser
Mannwerkstraße 3
79235 Vogtsburg-Bickensohl
Telefon: 07662 912258
hk@weingut-holger-koch.de
www.weingut-holger-koch.de

13 WEINGUT LÄMMLIN-SCHINDLER
Gerd Schindler und
Heidi Schwarz-Schindler
Müllheimer Straße 4
79418 Mauchen
Telefon: 07635 440
weingut@laemmlin-schindler.de
www.laemmlin-schindler.de

14 WEINGUT SALWEY
Konrad Salwey
Hauptstraße 2
79235 Oberrotweil
Telefon: 07662 384
weingut@salwey.de
www.salwey.de

15 WEINGUT TRAUTWEIN
Hans-Peter und
Elfriede Trautwein
Riegeler Straße 2
79353 Bahlingen
Telefon: 07663 2650
info@trautweingut.com
www.trautweingut.com

16 DEMETER WEINGUT
KLAUS VORGRIMMLER
Klaus Vorgrimmler
St.-Erentrudis-Straße 63
79112 Freiburg
Telefon: 07664 2489
weingut@vorgrimmler.de
www.vorgrimmler.de

17 WEINGUT FRITZ WASSMER
Fritz Waßmer
Lazariterstraße 2
79189 Bad Krozingen
Telefon: 07633 3965
mail@weingutfritzwassmer.de
www.weingutfritzwassmer.de

18 WEINGUT MARTIN WASSMER
Martin Waßmer
Am Sportplatz 1
79189 Bad Krozingen
Telefon: 07633 15292
wassmer-krozingen@t-online.de
www.weingut-wassmer.de

19 WEINGUT WÖHRLE
Markus und Tanja Wöhrle
Weinbergstraße 3
77933 Lahr
Telefon: 07821 253 32
E-Mail info@woehrle-wein.de
www.woehrle-wein.de

20 WEINGUT WILHELM ZÄHRINGER
Fabian Zähringer
Johanniterstraße 61
79423 Heitersheim
Telefon: 07634 50489 0
info@weingut-zaehringer.de
www.weingutzaehringer.de

HOTEL-RESTAURANT-
GASTHAUS ADLER
Familie Fehrenbacher
Reichenbacher Hauptstraße 18
77933 Lahr

WALDHOTEL BAD SULZBURG
Badstraße 67
79295 Sulzburg

COLOMBI HOTEL
Rotteckring 16
79098 Freiburg

DREXLERS RESTAURANT
Rosastraße 9
79098 Freiburg

DUTTERS STUBEN
Winterstraße 28
79346 Endingen-Kiechlinsbergen

RESTAURANT HOTEL
GRÜNER BAUM
Familie Martin Feger
Burgheimer Straße 105
77933 Lahr